«Neuer Wein in neue Schläuche»

«Neuer Wein in neue Schläuche»

Einführung in gemeindliche Kleingruppen

Verlag
BE Team

Autoren: Klemens Armbruster und Leo Tanner in Zusammenarbeit mit Marcel Bregenzer, Urban Camenzind, Theresa Herzog und anderen

BE*Team*

Druck: Holzer Druck und Medien, D-88171 Weiler im Allgäu

1. Auflage 2002

ISBN 3-909085-18-0

Inhaltsverzeichnis

* Diese WeG-Gemeinschaftstreffen (WeG = «Wege erwachsenen Glaubens») sind in dieser Schrift inhaltlich nicht ausgeführt. Wir haben sie im Inhaltsverzeichnis zum besseren Verständnis des Weges erwähnt.

Vorwort

Manche Menschen, die Jesus erlebt hatten, merkten, dass er einem Hausherrn gleicht, der aus seinem reichen Vorrat Neues und Altes hervorholt (vgl. Matthäusevangelium 13,52). Solange Jesus Altbewährtes hervorholte, liess man ihn gewähren. Wo er Neues lebte und sagte, stiess er dagegen oft auf Vorbehalte. Zu diesem Neuen gehörte sein vertrauter Umgang mit Gott, seinem Vater. Die Art seiner Beziehung zum Vater liess selbst seine Jünger neugierig werden, weshalb sie ihn einmal baten: *«Herr lehre uns beten!»* (Lukasevangelium 11,1)

Eine andere Neuigkeit war weniger die Gemeinschaft, die er um sich scharte, als vielmehr die Art und Weise wie die Menschen dieser Gemeinschaft miteinander umgingen. Denn zu diesem engsten Kreis zählten keinesfalls nur problemlose Typen. Ganz im Gegenteil! Der Fischer Petrus lebte neben dem Intellektuellen Nathanael, Judas Thaddäus, der Zelot – heute würden wir sagen, der Terrorist –, vertrug sich mit einem ehemaligen Feind, dem Zöllner Matthäus. Judas, der Verräter, gehörte ebenso dazu wie Johannes, der Lieblingsjünger Jesu.

Das ungewöhnlich Neue, dass Jesus aus unterschiedlichen Charakteren eine Gemeinschaft wachsen lassen konnte, war vielen Zeitgenossen Jesu verdächtig. Als diese kleine Gemeinschaft wieder einmal nicht das tat, was «man» sonst zu tun pflegte, musste sie sich Vorwürfe anhören. Jesus antwortete mit einem Gleichnis:

«Niemand schneidet ein Stück von einem neuen Kleid ab und setzt es auf ein altes Kleid; denn das neue Kleid wäre zerschnitten, und zu dem alten Kleid würde das Stück von dem neuen nicht passen. Auch füllt niemand neuen Wein in alte Schläuche. Denn der neue Wein zerreisst die Schläuche; er läuft aus, und die Schläuche sind unbrauchbar. Neuen Wein muss man in neue Schläuche füllen.» (Lukasevangelium 5,36–39).

Wir versuchen mit dieser Arbeitshilfe «Neuer Wein in neue Schläuche – Einführung in gemeindliche Kleingruppen» ein Stück

Neuland in den Pfarreien fruchtbar zu machen. Denn gemeindliche Gruppen, die sich treffen, um ihren Glauben und ihr Leben miteinander zu teilen, sind in unseren Pfarrgemeinden längst nicht selbstverständlich.

Die Art und Weise wie Christen zusammengelebt haben, hat sich laufend verändert. Die heutige Form der Pfarrei gibt es seit etwa zweihundert Jahren. Als kleinste Lebenszelle galt und gilt die christliche Familie. Doch Vieles ist heute im Umbruch. Bewährte Traditionen tragen plötzlich nicht mehr. Auch die Art und Weise, wie Menschen in den Glauben hineinwachsen, verändert sich. Gerade Erwachsene spüren, dass die Erfahrungen aus der Kinder- und Jugendzeit, die sich damals rund um die Erstkommunion und Firmung verdichtet haben, nicht mehr ausreichen, um ihre Sehnsüchte und Fragen zu stillen und zu beantworten.

Vielleicht war bei Ihnen gerade diese Suche der Grund, warum Sie sich für Kleingruppen interessieren. Vielleicht haben Sie deswegen auch an einem Glaubensseminar für Erwachsene teilgenommen oder «Exerzitien im Alltag» gemacht, einen «Glaubenskurs» besucht oder ein anderes ähnliches Angebot wahrgenommen haben. Dabei haben Sie erlebt, dass Glaube gut tut, und dass die Gemeinschaft mit anderen Glaubenden Ihrem eigenen Glauben Auftrieb gibt. Damit diese Freude am Glauben nicht wieder verschwindet, sondern sich vertiefen kann, wurden Sie eingeladen, sich neu auf den Weg in einer Glaubensgruppe einzulassen. Neuer Wein will in neue Schläuche!

Solche Kleingruppen sind ein relativ junges Gebilde in unserer Kirche. In vielen Pfarreien fehlen heute solche Gruppen, in denen Glaube und Leben konkret miteinander geteilt wird und wo Einzelne sich aufgehoben und getragen wissen.

Unsere Arbeitshilfe will den Anfang und den Aufbau solcher Kleingruppen ermöglichen und dem einzelnen Gruppenmitglied helfen, durch die Gruppe im Glauben und Leben zu reifen.

Hinweise zum Gebrauch von «Neuer Wein in neue Schläuche»

Diese Arbeitshilfe ist als Leitfaden für alle Gruppenmitglieder gedacht kann von allen während des Gruppentreffens benützt werden.

Im *ersten Teil* finden Sie eine Einführung zum Leben in der Gruppe und zur Grundstruktur eines Gruppentreffens. Wir empfehlen, die *Einführung in die Gruppentreffen* vor dem ersten Treffen zu lesen. Damit werden Sie mit dem Aufbau und Ablauf eines Treffen vertraut, so dass Sie sich beim Treffen selbst nicht so sehr auf den äusseren Verlauf konzentrieren müssen.

Der zweite Teil umfasst *zwölf ausgearbeitete Einheiten*. Jede dieser Einheiten umfasst zwei Abschnitte:

- *Der erste Abschnitt führt Sie jeweils thematisch durch ein Gruppentreffen hindurch.* Er strukturiert das Gruppentreffen. Bei diesem Zeichen ❖ werden Hilfen und Anregungen für die Gruppenmitglieder, bei ◆ für die Gruppenleitung gegeben. Gedacht ist, dass eine Person oder ein Team die Leitung wahrnimmt und Schritt für Schritt durch diese Treffen führt.
- *Der zweite Abschnitt, die weiterführenden Aspekte, auch Kontexte genannt, bestehen aus drei kurzen Beiträgen, die Sie zuhause lesen können.* Sie bestehen aus einer thematischen Vertiefung zum Thema der Einheit mit praktischen Anregungen für die Umsetzung in den Alltag aus einer Betrachtung zum Bibeltext der jeweiligen Einheit sowie aus Hinweisen zum Verständnis der Bibel.

Wo gleichzeitig mehrere Gruppen miteinander beginnen, empfehlen wir, diese Gruppen nach jeweils drei Gruppentreffen zu einem gemeinsamen Treffen, dem WeG-Gemeinschaftstreffen, einzuladen. WeG ® ist der Kürzel für «Wege erwachsenen Glaubens». Alle in dieser Schrift ausformulierten Hinweise wollen Hilfe und praktische Anregung sein. Es ist wichtig, damit in Freiheit umzugehen, das heisst von diesen Hinweisen sich inspirieren, jedoch nicht versklaven zu lassen.

Vereinbaren Sie, dass die ersten drei Treffen als Schnuppertreffen gedacht sind. So können Sie nach diesen drei Treffen entscheiden, ob Sie weitermachen oder die Gruppe verlassen wollen.

Nun wünschen wir Ihnen, dass Sie mit «Neuer Wein in neue Schläuche» viel Freude haben werden und in der Gruppe im Glauben und Leben wachsen.

Noch etwas: In diesem Vorwort haben wir Sie persönlich angesprochen. Im Folgenden wechseln wir sprachlich zum solidarischen Wir.

Die Autoren

Einführung in die Gruppentreffen

Vorbemerkungen

1. Wir sind eingeladen, vor dem ersten Gruppentreffen diesen Text durchzulesen. Er will uns helfen, die Grundstruktur unserer Gruppentreffen zu verstehen.
2. Die zwölf Einheiten sind so ausgearbeitet, dass sie während der Treffen von jedem Gruppenmitglied benützt werden und mitgelesen werden können. Es kann aber auch sein, dass der «viele» Text die Gruppenmitglieder zu sehr ablenkt. Dann ist es sinnvoller, zur «Eröffnung» nur die Psalmworte (evtl. kopiert) und zum «Bibel teilen» nur die Textstelle (Bibel) vor sich zu haben. Die leitende Person führt dann anhand der Einheit durch die gemeinsame Zeit.
   Wenn wir uns bei den ersten Treffen eng an die Vorschläge halten, gewöhnen wir uns rasch an den äusseren Rahmen. Dieser hilft uns später frei mit den einzelnen Abschnitten umzugehen.
3. Die leitende Person oder das von unserer Gruppe, eventuell nach Absprache mit dem Seelsorgeteam, gewählte Leitungsteam hat die Aufgabe, auf die Zeit und die Teilnehmenden zu achten.

Grundstruktur eines Gruppentreffens

Die Gruppentreffen von «Neuer Wein in neue Schläuche» stehen auf drei Säulen, damit sich die Gruppe ganzheitlich entwickeln kann: Diese sind **G** wie Glaubenteilen, **B** wie Bibelteilen und **L** wie Lebenteilen. In manchen Diözesen werden solche Kleingruppen deshalb «GBL-Gruppen» genannt.

- **Eröffnung: Dank und Lobpreis**

Wir treffen uns zuhause oder in den Räumen der Pfarrei. Wir begrüssen uns und – sofern wir uns noch nicht kennen – stellen wir uns kurz gegenseitig vor. Abmeldungen werden jeweils bekanntgegeben.

Das Gruppentreffen beginnt offiziell mit gemeinsamem Beten und Singen. (Wer ein Instrument spielt, möge es doch mitbringen.)

Im Dank und Lobpreis wollen wir uns Jesus zuwenden, der in unserer Mitte da ist. Dazu ist es hilfreich, wenn alle zur Ruhe kommen können.

- **Leben teilen**

Dann geben wir einander Anteil an dem, was uns in letzter Zeit sehr beschäftigt hat. Wir erzählen einander unsere Erfahrungen aus den zurückliegenden Tagen.

Es ist auch möglich, nichts zu sagen. Gut ist es, wenn dies auch geäussert wird, etwa: «Ich möchte im Augenblick lieber nichts sagen.»

- **Bibel teilen**

Das Bibelteilen ist einer der wichtigsten Bestandteile der Gruppentreffen. Ziel dieses Teiles ist es, das Wort Gottes so zu hören, dass für uns Gottes Stimme vernehmbar wird. Wir halten uns bei den Schritten an die in Afrika entwickelten und längst in der ganzen Weltkirche bewährten Methode des «Bibel teilens». Die einzelnen Schritte wurden unseren Treffen angepasst.

Wir lesen den Text.

Wenn alle den Text in der Heiligen Schrift gefunden haben, liest jemand die Verse vor.

Wir wiederholen einzelne Worte oder Sätze.

Alle wiederholen laut (dreimal hat sich als sehr hilfreich erwiesen) jene Sätze und Worte, die für sie im Bibeltext wichtig geworden sind. Ziel ist, dass der Text auf diese Weise nochmals neu gehört wird und wir den Inhalt wirklich aufnehmen können. Wenn niemand mehr etwas sagt, gehen wir zum nächsten Schritt.

Wir lassen Jesus in der Stille zu uns sprechen.

Dann werden wir für einige Minuten ganz still. Wir hören in unser Inneres hinein, um wahrzunehmen, was Jesus uns durch den Text der Heiligen Schrift sagen will. Wir können das, was wir in unserem Innern vernommen haben, auch aufschreiben. Dazu werden leere Linien zur Verfügung stehen.

Wir teilen einander mit, was wir in unserem Herzen vernommen haben.

Dieses Mitteilen ist der Kern des Bibelteilens! Es geht dabei nicht ums Diskutieren, sondern darum, einander mitzuteilen, was sich in uns ereignet und was die Bibelstelle in uns ausgelöst hat.

Hilfreich ist es, «Ich-Botschaften» zu formulieren. Fragen wie «Kann mir das jemand erklären?» sind vorerst tabu! Aber wir können unsere Betroffenheit mitteilen: «Diesen Satz habe ich nicht verstanden. Er lässt mich nicht in Ruhe!»

Es geht bei diesem Schritt des Bibel *teilen* nicht um Texterklärung, diese finden wir in den weiterführenden Aspekten, sondern um Mitteilung. Wir tauschen aus, wie uns Gottes Wort berührt hat und was uns dabei aufgegangen ist.

- **Ins Leben bringen**

Ziel dieses Teiles ist es zu überlegen, wie wir das, was wir jetzt miteinander vom Wort Gottes her neu vernommen haben, in unser alltägliches Leben mitnehmen können. Dabei kann es hilfreich sein, wenn wir uns in einem Satz notieren, welchen Impuls des «Bibelteilens» wir im Alltag umsetzen wollen.

- **Gebet und Fürbitte**

Wir werden still, um uns wieder bewusst zu werden, dass Jesus selbst in seinem Wort und in unserer Gemeinschaft unter uns gegenwärtig ist. Wir danken ihm für das, was er uns geschenkt hat und vertrauen ihm unsere Anliegen an. Vielleicht wollen wir ein bestimmtes Anliegen auch in den kommenden Tagen ganz besonders mittragen. Dann können wir uns eine kleine Erinnerungs-Notiz machen. Zum Schluss beten wir gemeinsam das «Vater unser». Ein letztes Lied kann das Treffen abrunden.

- **Hinweise für zuhause und gemütliches Zusammensein**

Den offiziellen Teil schliessen wir, indem wir die Hinweise für zuhause durchlesen. Vielleicht gibt es jetzt auch noch weitere Mitteilungen zu machen. Daran kann sich der *gemütliche Ausklang* anschliessen. Allen Gruppenmitgliedern steht es frei, nach Hause zu gehen, wann sie es wollen.

Gedanken zum Gruppengespräch

- Unser Denken, Fühlen und Handeln wird dadurch bereichert, in dem wir mit Interesse am Leben der anderen teilnehmen.
- Die Gruppe will uns den nötigen Freiraum geben, uns als Personen wie wir sind einzubringen – also: Mut zur Unvollkommenheit.
- Das Gruppengespräch wird durch das Mitteilen persönlicher Gedanken bereichert. Wir bemühen uns in der Ich-Form zu sprechen.
- Was wir allenfalls an «Vertraulichem» erfahren haben, wird nicht nach aussen getragen. Das Team hat die Verantwortung darauf zu achten, dass die Grenzen des persönlichen Austausches nicht zum «Intimen» hin überschreiten werden. Intimes gehört nicht in die Gruppe, sondern in die Einzelseelsorge.

Hinweis: Wenn in dieser Schrift der Begriff Christen und ähnliche Begriffe vorkommen, dann verstehen wir sie phänomenologisch und nicht geschlechterspezifisch. Deshalb verzichten wir auf die weibliche Form (z.B. Christinnen).

1. Treffen: Neues wachsen lassen

Allgemeine Hinweise:

Als Zeichen, dass wir uns um Jesus Christus versammeln, können wir jeweils eine Kerze anzünden.

◆ bedeutet: Jemand aus dem Leitungsteam liest.

❖ bedeutet: Dieser Text ist von allen zu lesen.

❖ Um die Sprache im Folgenden einfach zu halten, wird manchmal auf die ausdrückliche Nennung beider Geschlechter verzichtet.

Die «Einführung in die Gruppentreffen» finden wir ab der Seite 10. Wir sind eingeladen, uns an die Vorschläge zu halten. Wir werden uns rasch daran gewöhnen. Dies hilft uns, später frei mit den einzelnen Abschnitten umzugehen.

Eröffnung: Dank und Lobpreis 15 Min.

◆ Wir wollen heute erste Erfahrungen als Gruppe machen und den Verlauf eines Treffens kennen lernen.

Dank und Lobpreis heisst der erste Teil des Gruppentreffens. Wir wollen uns bewusst um Jesus Christus versammeln und ihm für das danken, was er uns schenkt. Das bekannte Lied «Lobet und preiset ihr Völker den Herrn» zeigt, was Lobpreis meint: Gott den Herrn loben und ihn für sein gütiges Wirken preisen. Wir können dies jetzt mit ein bis zwei Liedern tun.

◆ Jetzt werden wir eine Minute lang still, um uns bewusst zu machen, dass Jesus in unserer Mitte gegenwärtig sein will. Dazu können wir in Stille zu Jesus sagen. «Komm in unsere Mitte, Herr!» So laden wir Jesus ein und werden uns seiner Gegenwart bewusst.

❖ Stille ...

◆ Wir beten reihum den folgenden Psalm 63. Jedes Gruppenmitglied betet laut einen Vers, der aus zwei Zeilen besteht. Das Sternchenzeichen * am Ende jedes Halbverses bedeutet: Die oder der Betende hält eine Atempause lang inne.

Ich beginne, danach geht es rechts von mir weiter:

❖ *Gott, du mein Gott, dich suche ich,* * (Atempause)
meine Seele dürstet nach dir.
Nach dir schmachtet mein Leib *
wie dürres, lechzendes Land ohne Wasser.
Darum halte ich Ausschau nach dir im Heiligtum, *
um deine Macht und Herrlichkeit zu sehen.
Denn deine Huld ist besser als das Leben; *
darum preisen dich meine Lippen.
Ich will dich rühmen mein Leben lang, *
in deinem Namen die Hände erheben.
Wie an Fett und Mark wird satt meine Seele, *
mit jubelnden Lippen soll mein Mund dich preisen.
Ich denke an dich auf nächtlichem Lager *
und sinne über dich nach, wenn ich wache.
Ja, du wurdest meine Hilfe; *
jubeln kann ich im Schatten deiner Flügel.
Meine Seele hängt an dir, *
deine rechte Hand hält mich fest.
Ehre sei dem Vater und dem Sohn *
und dem Heiligen Geist.
Wie im Anfang so auch jetzt und alle Zeit *
und in Ewigkeit. Amen

◆ Wir beenden diese Gebetszeit mit einem Lied.

Leben teilen 20 Min.

◆ Wir wollen uns gegenseitig Anteil geben und aneinander Anteil nehmen. Dazu stellen wir uns mit Name, Hobby und Familienstand vor.

Wer möchte, kann jetzt mitteilen, was ihn oder sie bewogen hat, am heutigen Schnuppertreffen teilzunehmen.

Bibel teilen 45 Min.

Nun kann jeweils eine schöne Bibel bewusst zur Kerze gelegt werden. Das will uns an die Gegenwart Gottes im Wort erinnern.

◆ Wir wollen kurz innehalten und uns bewusst werden, dass Jesus in seinem Wort unter uns gegenwärtig ist. Der folgende Kanon[1] will uns einstimmen:

❖ *«Gottes Wort ist wie Licht in der Nacht;*
es hat Hoffnung und Zukunft gebracht;
es gibt Trost, es gibt Halt
in Bedrängnis, Not und Ängsten,
ist wie ein Stern in der Dunkelheit.»

◆ Beim Bibel teilen wollen wir so den Bibeltext hören, dass daraus Gottes Stimme vernehmbar wird.

Ich lese den Text aus dem Prophetenbuch Jesaja, Kapitel 55, die Verse 3, 10 und 11 vor. Alle anderen lesen mit.

❖ *«Neigt euer Ohr mir zu, und kommt zu mir,*
hört, dann werdet ihr leben.
Denn wie der Regen und der Schnee vom Himmel fällt
und nicht dorthin zurückkehrt,
sondern die Erde tränkt und sie zum Keimen und Sprossen bringt,
wie er dem Sämann Samen gibt und Brot zum Essen,
so ist es auch mit dem Wort, das meinen Mund verlässt:
Es kehrt nicht leer zu mir zurück,
sondern bewirkt, was ich will,
und erreicht all das, wozu ich es ausgesandt habe.»

◆ Wir wiederholen einzelne Worte oder Sätze, die uns im Bibeltext wichtig geworden sind. Es schadet nicht, wenn wir uns dabei wiederholen. Denn wir wollen erreichen, dass wir fast den ganzen Text nochmals neu hören und den Inhalt besser aufnehmen können. Wenn niemand mehr etwas sagt, gehen wir zum nächsten Schritt über.

---

[1] Noten sind zu finden in «Dir singen wir 2». Bezug: Versandbuchhandlung Immanuel, Aachweg 12, CH-9323 Steinach.

◆ Wir lassen in einer Stille von circa 3 Minute das Bibelwort auf uns wirken. Dabei hören wir, ob Gott uns etwas durch dieses Wort sagen will. Wer möchte, kann sich das, was er in seinem Innern vernimmt, hier aufschreiben:

____

____

____

____

◆ In dieser Stille haben wir uns dafür geöffnet, dass Gott durch dieses Bibelwort zu uns sprechen kann. Was hat sich in unserem Innern ereignet?

✣ Wir teilen einander mit, was uns in der Stille berührt hat; was wir an Gedanken, Gefühlen, ... wahrgenommen haben.

◆ Haben alle gesagt, was ihnen wichtig war?

> *Hinweis für das Leitungsteam:* Es kann sein, dass nach diesem Teil die vorgesehene Zeit abgelaufen ist. Wenn nicht, können folgende Fragen das Gespräch weiterführen. Diese Fragen können auch von allen zuhause noch nachgelesen werden.

✣ Wozu schickt Gott den Regen und Schnee? Und wozu gibt Gott uns sein Wort?

– Was erwartet die Natur vom Regen? Welche Erwartung haben wir an das Wort Gottes? Welche eigene innere Haltung ist die beste dem Wort Gottes gegenüber?
– Regen ist notwendig zum Wachstum in der Natur. Das Wort Gottes ist notwendig für mein geistliches Wachstum. Was erwarte ich an Wachstum bei mir und in unserer Gruppe?
– Aus der Saat wird schliesslich Brot zum Essen. Was erhoffe ich mir vom Leben der neuen Gruppe?

Ins Leben bringen 3–5 Min.

◆ Jeder liest für sich den folgenden Text.

❖ Wir überlegen, wie wir das, was wir eben vom Wort Gottes her neu vernommen haben, im alltäglichen Leben verwirklichen können. Welchen Impuls aus dem Wort Gottes nehmen wir für die kommende Woche mit? Es kann hilfreich sein, wenn wir uns das notieren.

____

____

____

____

◆ Jedes hat etwas notiert. Was wollen wir davon einander jetzt mitteilen?

Gebet und Fürbitte 10 Min.

◆ In der Stille können wir nun Gott danken für das persönliche Wort, das wir mit nach Hause nehmen.

❖ Stille

◆ Wer hat ein Anliegen, das wir jetzt ins folgende «Vater unser» einschliessen wollen?

❖ Anliegen nennen

◆ Wir nehmen alle – auch die unausgesprochenen – Anliegen mit ins Gebet und beten gemeinsam das «Vater unser».

❖ «Vater unser ...»

◆ Wir singen noch ein Lied.

Hinweise für zuhause 5 Min.

✣ Hier sollen einige Möglichkeit vorgestellt werden, wie wir die Zeit zwischen den Gruppentreffen sinnvoll nutzen können:

- Bei Glaubensseminaren gibt es für jeden Tag die Anregung zu einer persönlichen stillen Zeit. Diesen guten Brauch wollen wir weiterpflegen. Mit den folgenden Bibelstellen können wir das Hören des Wortes Gottes weiter vertiefen. Die folgenden Stellen nehmen das Thema vom neuen Wirken Gottes auf:

Lukasevangelium 1, 26–38	Apostelgeschichte 9, 1–22
Jeremia 1, 4–10	Offenbarung 21, 1–5
Markusevangelium 2, 13–17	Philipperbrief 3, 7–14
Jesaja 43, 14–21	

- Wir finden im Anschluss an jedes Treffen drei weiterführende Texte. Sie sind zum Lesen für zuhause gedacht. Die weiterführenden Aspekte geben Wissenshilfen zur jeweils gelesenen Bibelstelle und weiterführende Hinweise zur Bibel. Weiter gibt es einen Kurztext zum Thema des jeweiligen Gruppentreffens.

- Wir besorgen uns eine *eigene Bibel* – am besten eine «Einheitsübersetzung». Denn ab dem dritten Treffen werden wir die Textstellen nicht mehr abdrucken. Wir wollen mit der Bibel leben lernen und brauchen deshalb eine eigene.

- Vielleicht tut es gut, sich zuhause nochmals mit der «Einführung in die Gruppentreffen» (S. 10) zu beschäftigen? Je schneller wir mit den äusseren Abläufen vertraut sind, desto schneller können wir uns dem Wesentlichen öffnen.

◆ Gibt es noch Fragen? Wenn nicht, können wir das Treffen gemütlich ausklingen lassen.

✣ Das nächste Treffen findet am ... statt. Wer verhindert ist oder nicht mehr weiter machen möchte, soll mich bitte benachrichtigen.

Gemütlicher Ausklang

Weiterführende Aspekte

1. Als Kleingruppen unterwegs

Manche sagen: «Glaube – das mache ich mit Gott allein aus!» Sie wollen «Einsiedler» im Glauben sein. Der heilige Benedikt, der Gründer des über 1500 Jahre alten Ordens der Benediktiner, erlaubte seinen Mönchen den Weg in die Einsiedelei nur, wenn sie sich im gemeinschaftlichen Leben bewährt hatten und durch das Zusammenleben mit den Brüdern menschlich gereift waren. Dies wird bis heute bei den Benediktinern so praktiziert. Glaube war immer schon eingebunden in gemeinschaftliche Formen.

Familie als «Grund- und Lebenszelle»

Das Zweite Vatikanische Konzil, bei dem sich 1962–1965 die Bischöfe aus der ganzen Welt in Rom zu Beratungen versammelt hatten, sah als kleinste Zelle der Kirche nicht den einzelnen Gläubigen, sondern eine Gemeinschaft: die Familie. Sie, die christliche Familie, wurde von den Konzilsvätern als «Grund- und Lebenszelle» und als «Ursprung und Fundament» von Gesellschaft und Kirche, weiter als «häusliches Heiligtum der Kirche» und als «Hauskirche» bezeichnet.

Aber in unserer heutigen Gesellschaft ist die Familie längst nicht mehr die prägende Lebensform. Andere Formen des Zusammenlebens entstehen. Die Familie, die einmal als das Fundament von Gesellschaft und Kirche gedacht war, ist heute eine Sozialform neben vielen anderen geworden. Als Familie zusammenzuleben, noch dazu als christlich praktizierende Familie, bleibt zwar für viele ein Traum, ist aber in der Realität immer weniger selbstverständlich. Viele Erwachsene leben als Single ohne Anschluss an eine Kleingemeinschaft. Wenn Familien durch Scheidung auseinanderbrechen, wechselt ein Partner oft mit den Kindern infolgedessen den Lebensort und oft seinen Lebensstil. Am neuen Ort muss er sich erst wieder eingewöhnen. Aus dieser Entwicklung heraus wird es immer schwieriger, ausnahmslos in der Familie die Zelle zu sehen, die das Fundament von Kirche und Pfarrgemeinde bilden soll.

Ausserdem gilt es zu beachten, dass die Familie nicht nur als Lebenszelle für Kinder und deren religiöse Entwicklung notwendig ist, sondern die christliche Familie war und sollte auch für die Erwachsenen der ständige Übungsort gemeinsamer Glaubenspraxis sein.

«Neue Familien Gottes»

Darum braucht es eine neue Art von Kleingruppen: «Neue Familien Gottes», die Grund- und Lebenszelle, Ursprung und Fundament von Kirche und Gesellschaft sein können und sein wollen. Es braucht dringender denn je Kleingruppen aus erwachsener Christen, die aus einem zukunftsfähigen Glauben ihr Leben gemeinsam gestalten.

Zur Lebenszelle «Familie» müssten also andere Arten von Kleingruppen hinzukommen, die wie Familien zu Zellen der Kirche und der Ortsgemeinde werden, in denen Glaube gelebt wird und aus denen lebendige erwachsene Christen hervorgehen. Ohne solche kleinen Zellen wird christlicher Glaube in der pluralen Gesellschaft kaum überleben.

Was das Zweite Vatikanische Konzil (1962–1965) über die Familie als Grundzelle der Gesellschaft und der Kirche sagte, stimmt auch für die Kleingruppen. Im folgenden Konzilstext wurde der Begriff «Familie» mit «Kleingruppe» ersetzt:

«Die Kleingruppe selbst empfing von Gott die Sendung, Grund- und Lebenszelle der Gesellschaft zu sein. Diese Sendung wird sie erfüllen, wenn sie sich in der gegenseitigen Liebe ihrer Glieder und im gemeinsamen Gebet vor Gott als häusliches Heiligtum der Kirche erweist; wenn sich die ganze Kleingruppe in den liturgischen Gottesdienst der Kirche eingliedert; wenn schliesslich die Kleingruppe zu echter Gastfreundschaft bereit ist, Gerechtigkeit und andere guten Werke zum Dienst aller notleidenden Geschwister fördert.»

Dies ist die biblische Formulierung von Hauskirche, der Anfang und das Fundament des Christentums. Gruppen sind deshalb kein Luxus, keine Sonderidee Einzelner, sondern überlebensnotwendig für die Kirche.

2. Wissenswertes zu Jesaja 55, 8–11

Wir haben in der Gruppe einen kurzen Text des Propheten Jesaja betrachtet. Wie können wir diesen Abschnitt in der Bibel finden?

Am besten schlagen wir vorne in der Bibel das Inhaltsverzeichnis auf. Der Textabschnitt ist aus dem Alten Testament. Unter dem Titel «Die Bücher der Propheten» steht zuerst das Buch Jesaja. Schlagen wir die entsprechende Seitenzahl auf, so finden wir zuerst einige einleitenden Gedanken. Hier wird über die Entstehung des Buches, über den Verfasser, über die Situation und einiges mehr informiert. Das kann uns helfen, den Hintergrund eines Textes besser zu verstehen.

Dabei entdecken wir, dass das Buch des Propheten Jesaja ein vielschichtiges Buch ist. Die Kapitel 1–39 stammen vom Propheten Jesaja, der um 740 v. Chr. wirkte; die Kapitel 40–55 wurden jedoch von einem Propheten aus der Zeit um 530 v. Chr. geschrieben. Er wollte inhaltlich das weiter führen, was Jesaja begonnen hatte. In der Wissenschaft wird er Deuterojesaja, d.h. Zweiter-Jesaja genannt. Kapitel 56–66 stammen wieder aus einer anderen Hand, dem Dritten-Jesaja (Tritojesaja). Die Texte des Deutero- und Tritojesaja wurden schon lange vor Christi Geburt aneinander gehängt und unter die Autorität des Jesaja gestellt. Dies war damals ganz normal.

Zur Situation des Volkes

Das Volk Gottes befindet sich in Gefangenschaft in Babylon. Es lebt in der Fremde, im Exil, mitten unter einem anderen Volk und ist in Gefahr, sich selbst als Volk mehr und mehr zu verlieren. Das Volk empfindet das Exil als Strafe Gottes. Doch der Prophet kündet mitten in diesem desolaten Zustand das Heil Gottes an. Er beginnt:

«Tröstet, tröstet mein Volk, spricht euer Gott. Redet Jerusalem zu Herzen und verkündet der Stadt, dass ihr Frondienst zu Ende geht, dass ihre Schuld beglichen ist.» (Jesaja 40,1–2)

Der Prophet spricht von der bedingungslosen Vergebung Gottes. Er ruft die Israeliten auf, sich nicht mehr nur der vergangenen Heilstaten Gottes, der Befreiung aus der Sklaverei in Ägypten, zu erinnern. Vielmehr will Gott jetzt neu Heil schenken. Er will sein Volk aus Babylon herausführen. Gott will dem gedemütigten Volk eine neue Zukunft schenken.

«Denkt nicht mehr an das, was früher war; auf das, was vergangen ist, sollt ihr nicht achten. Seht her, nun mache ich etwas Neues. Schon kommt es zum Vorschein, merkt ihr es nicht? Ja, ich lege einen Weg an durch die Steppe und Strassen durch die Wüste.» (Jesaja 43,18–19)

Das Neue, das sich in den Jahren des Exils ankündigt, ist nicht nur, dass Gott sein Volk befreien will. Nein noch mehr: Das Neue ist ein tieferes Verständnis von Gott und ein tieferes Verständnis der Sendung des Volkes: Gott will nicht nur Gott für das Volk Israel allein sein, sondern Gott will so sehr für sein Volk da sein und sein Volk so aufleben lassen, dass es zum «Licht für die Völker» wird. Das Volk Israel erkennt, dass es in der Fremde mitten unter das fremde Volk verteilt war, damit es dort zum «Licht» für dieses andere Volk werden konnte. Die Verbannung ist nicht mehr als Strafe gesehen, sondern als Auftrag.

Gedanken zum Textabschnitt

Gott verwirklicht seine Heilspläne nicht immer nach unseren Vorstellungen.

«Meine Gedanken sind nicht eure Gedanken, und eure Wege sind nicht meine Wege – Spruch des Herrn. So hoch der Himmel über der Erde ist, so hoch erhaben sind meine Wege über eure Wege und meine Gedanken über eure Gedanken.» (Jesaja 55,8–9)

Oft leiden wir daran, dass sich etwas anders entwickelt als wir es uns wünschen. Dann können Zweifel aufkommen: Lohnt es sich, den Weg mit Gott zu gehen? Lohnt sich das Leben mit dem Wort Gottes? Solche Zweifel können noch dadurch genährt werden, dass wir den Eindruck haben, bei uns bewegt und verändert sich nichts. Dazu sagt der Prophet:

«Denn wie der Regen und der Schnee vom Himmel fällt und nicht dorthin zurückkehrt, sondern die Erde tränkt und sie zum Keimen und Sprossen bringt, wie er dem Sämann Samen gibt und Brot zum Essen, so ist es auch mit dem Wort, das meinen Mund verlässt: Es kehrt nicht leer zu mir zurück, sondern bewirkt, was ich will, und erreicht all das, wozu ich es ausgesandt habe» (Jesaja 55,10–11).

Gottes Wort hat also Auswirkungen; manchmal andere, als wir erwarten. Gott selbst vergleicht sein Wort mit dem Regen. Das Ziel des Regens ist, die Erde zu befeuchten, so dass sie Frucht bringen kann. Das Ziel des Wortes Gottes ist genauso: Es will etwas bewirken, es will Frucht wachsen lassen.

Gott schafft immer wieder Neues. Wie derselbe Regen immer wieder neue Gewächse hervorbringt. Wenn wir in der Gruppe das Wort Gottes lesen und es miteinander teilen, dann geht es nicht in erster Linie darum zu verstehen, was der Bibeltext historisch meint – so wie wir ihn in diesem Text gerade eben historisch hinterfragt haben.

Der biblische Text will nicht unbedingt den Blick auf sich selbst lenken, sondern wirken, wirkmächtiges Wort werden. Auch beim Regen geht es dem Gärtner nicht in erster Linie darum, das Regenwasser zu analysieren und zu verstehen, wie es sich zusammensetzt, sondern dass der Regen die Natur befeuchtet.

Ein Bewohner einer Grossstadt erzählt: «Ich selbst lebe in einer grossen deutschen Industriestadt. Wenn ich den Regen untersuche, kann ich erkennen, aus welcher Richtung der Regen gekommen ist. Am deutlichsten ist dies, wenn der Wind den Regen aus dem Westen zu uns treibt. Dort steht ein Chemiewerk, das Duftstoffe für Waschmittel herstellt. Diese Duftstoffe setzen sich nur bei Feuchtigkeit frei. Wenn es also bei uns nach 'Aprilfrische' duftet, kommt der Regen aus dem Westen. Meinem Garten ist das allerdings egal, woher der Regen kommt. Denn ich habe ihn nicht angelegt, damit ich den Regen beobachten kann, sondern damit Gemüse und Früchte wachsen. Dazu braucht es Regen als Wachstumshilfe, egal woher er kommt.»

Für das Verstehen der Heiligen Schrift ist wichtig, mit welcher Absicht und Erwartung man an einen solchen Text herangeht. Hier in den «Kontexten» sollen mehr die Wissenseite und die geschichtlichen Hintergründe beleuchtet werden, es soll sozusagen die «Aprilfrische» untersucht werden.

Bei unseren Gruppentreffen wollen wir dagegen beim Hören des Wortes Gottes wie ein Saatgut oder ein Gewächs sein, das auf Regen als «Wachstumshilfe» angewiesen ist, um wachsen zu können. Beim Bibel teilen, beim Hören auf das Wort Gottes, fragen wir in erster Linie danach:

Welches Wachstum löst dieses Wort bei mir aus?

Zum eigenen Nachdenken

- Was hat der Regen des Wortes Gottes bewirkt, so dass er nicht unverrichteter Dinge zu Gott zurückgekehrt ist?
- Welchen Auftrag hatte das Wort Gottes, als es den Boden meines Herzens berührt hat?
- Wo durfte ich schon erleben, dass das Hören des Wortes Gottes Freude hervorbrachte?
- In welcher konkreten Situation meines Lebens habe ich erlebt, dass meine Wege nicht Gottes Wege waren?

3. Information oder persönliche Botschaft

Um Wissenswertes zur Bibel soll es immer in diesem 3. Kontext gehen. Einsteigen wollen wir mit einer grundsätzlichen Unterscheidung wie man ein Wort, eine Nachricht oder eine Botschaft aufnehmen kann: als Information oder persönliche Botschaft.

Dazu ein Beispiel: Ein Unfall ereignet sich. Polizei, Krankenwagen und die Presse sind schnell zur Stelle. Das Ereignis wird in den Nachrichten um 12.00 Uhr im Radio wie folgt erwähnt. «Ein unvorsichtiger Autofahrer ist mit einem entgegenkommenden Wagen zusammengestossen. Dabei gab es Verletzte. Drei Personen liegen schwer verletzt im Krankenhaus.»

Eine allgemeine Information, wie wir sie tagtäglich aus Radio, Fernsehen und Zeitungen zur Kenntnis nehmen.

Mehr als nur zur Kenntnis nimmt die Mutter dieses Ereignis, als der Polizist bei ihrem Haus läutet und ihr mitteilt: «Ich muss Ihnen leider sagen, dass Ihr Sohn vor einer Stunde einen schweren Unfall hatte. Er liegt schwer verletzt im Krankenhaus.»

Die Mutter trifft dies bis ins Innerste und so schnell wie möglich will sie zu ihrem Sohn ins Krankenhaus.

Das gleiche Ereignis kann eine allgemeine Information sein oder aber persönliche Betroffenheit auslösen. Vergleichbares kann beim Lesen des Wortes Gottes geschehen. Es kann einmal Information und Wissensvertiefung sein, ein andermal aber wird es als persönlich treffendes Wort erfahren.

«Aprilfrische» oder «Wachstumshilfe» – Logos oder Rhema

Die griechische Sprache, in der das Neue Testament geschrieben wurde, kennt eine Unterscheidung, die auf diesen Unterschied hinweist: Logos und Rhema. Beide Begriffe werden im Neuen Testament für «Wort», näher hin für «Wort Gottes» verwendet. Die griechische Unterscheidung in Logos und Rhema dient uns als Ansatz zu einer wichtigen Unterscheidung im Verständnis der Bibel als Wort Gottes.

Gottes Wort spricht den Menschen in einem allgemeinen Sinn als (Logos) an. Logos ist der feststehende Sinn des Wortes Gottes. Die Bibelwissenschaft (Exegese) hilft, diesen Sinn, den Logos, zu erkennen, indem sie die kulturelle und geschichtliche Situation von damals erkundet und aufzeigt, was das Wort Gottes aus diesem Zusammenhang heraus bedeutet.

Dazu werden die biblischen Texte genau analysiert. Die Fachleute, die Exegeten und Sprachwissenschaftler, bringen spannende, wichtige und hilfreiche Ergebnisse zu Tage. Aber sie können und wollen nicht erklären, was Gott heute durch sein biblisches Wort dem einzelnen Menschen persönlich sagen und in ihm bewirken will.

Wenn Gottes Wort unter der wirkenden Kraft seines Geistes einen Menschen trifft, dann wird dieses Wort zur persönlichen Botschaft an ihn, in einer ganz bestimmten Situation. Dann spricht man von diesem Wort als «Rhema». Rhema kommt von Verb, das Sprache bedeutet. Es bezeichnet etwas, was in Raum und Zeit geschieht. Mit Rhema ist jenes Wort gemeint, das sich an eine bestimmte Person zu einer bestimmten Zeit richtet. Rhema ist das direkte, persönliche Wort Gottes, in dem die Kraft Gottes mitströmt, damit sich das Wort erfüllt.

Das Wort Gottes als Rhema kann nicht für andere Menschen verallgemeinert werden, sondern ist ganz persönlich. Das Rhema ist ein Wort aus der Bibel, das einem (plötzlich) anspricht und herausfordert; es ist das Wort Gottes, das schon immer in der Bibel stand, aber jetzt in einer konkreten Situation für einen bestimmten Menschen aktuell und lebendig wird. Der Theologe spricht vom «aktualisierten Logos.» Im Meditieren und im betenden Lesen der Schrift kann sich dem Glaubenden ein Bibelwort als ein Rhema eröffnen.

Es traf mitten ins Herz

Im Jahre 1209 hörte Franz von Assisi in einer Kirche folgende Bibelstelle:

«Geht und verkündet: Das Himmelreich ist nahe. Heilt Kranke, weckt Tote auf, macht Aussätzige rein, treibt Dämonen aus. Umsonst habt ihr empfangen, umsonst sollt ihr geben. Steckt nicht Gold, Silber und Kupfermünzen in euren Gürtel. Nehmt keine Vorratstasche mit auf den Weg, kein zweites Hemd, keine Schuhe, keinen Wanderstab ...» (Matthäusevangelium 10,7–10a)

Diese Worte, die Jesus bei der Aussendung der Jünger spricht, mag Franz schon oft gehört haben. Ihren Sinn, den Logos, hat er vielleicht schon immer eingesehen. Aber als er jetzt diese Worte hörte, schlugen sie wie ein Blitz bei ihm ein und er verstand, dass er damit gemeint war und sie nun sofort in sein Leben umsetzen sollte. Das längst bekannte Wort war für ihn zum Rhema geworden. Nach dem Gottesdienst liess er sich die Worte nochmals erklären (Logos) und begann dann aus der Kraft dieser Worte zu leben.

Wenn wir persönlich in der Heiligen Schrift lesen oder miteinander «Bibel teilen», wollten wir das Wort Gottes ganz im Sinne von «Rhema» hören. Es soll uns treffen können.

2. Treffen: Mit Gottes Wort leben

◆ Wir wollen bei unserem zweiten Treffen entdecken, wie das Wort Gottes aus der Heiligen Schrift uns heute berühren kann.

Eröffnung: Dank und Lobpreis 15 Min.

◆ Zu Beginn singen wir 1–2 Lieder

◆ Wir können Jesus bewusst einladen. Wenn jeder und jede still für sich sagt: «Komm in unsere Mitte, Herr! Danke bist Du jetzt da!» So öffnen wir uns seiner Gegenwart.

✣ Stille ...

◆ Wir beten wiederum reihum den folgenden Psalmtext. (Psalm 33 Auswahl)

✣ *Ihr Gerechten, jubelt vor dem Herrn;**
für die Frommen ziemt es sich, Gott zu loben.
*Preist den Herrn mit der Zither,**
spielt für ihn auf der zehnsaitigen Harfe!
*Singt ihm ein neues Lied,**
greift voll in die Saiten und jubelt laut!
*Denn das Wort des Herrn ist wahrhaftig,**
all sein Tun ist verlässlich.
*Er liebt Gerechtigkeit und Recht,**
die Erde ist erfüllt von der Huld des Herrn.
*Wohl dem Volk, dessen Gott der Herr ist,**
der Nation, die er sich zum Erbteil erwählt hat.
*Der Herr blickt herab vom Himmel,**
er sieht auf alle Menschen.
*Von seinem Thronsitz schaut er nieder**
auf alle Bewohner der Erde.
*Der ihre Herzen gebildet hat,**
er achtet auf all ihre Taten.

*Dem König hilft nicht sein starkes Heer,**
der Held rettet sich nicht durch grosse Stärke.
*Nichts nützen die Rosse zum Sieg,**
mit all ihrer Kraft können sie niemand retten.
*Doch das Auge des Herrn ruht auf allen, die ihn fürchten und ehren,**
die nach seiner Güte ausschaun;
*denn er will sie dem Tod entreissen**
und in der Hungersnot ihr Leben erhalten.
*Unsre Seele hofft auf den Herrn;**
er ist für uns Schild und Hilfe.
*Ja, an ihm freut sich unser Herz,**
wir vertrauen auf seinen heiligen Namen.
*Lass deine Güte über uns walten,**
o Herr, denn wir schauen aus nach dir.

◆ Jetzt wiederholen wir jene Teile des Psalmverses, welche unserer momentanen Stimmung entsprechen oder bei uns anklingen.

❖ Wir können mehrmals etwas sagen ...

◆ Wir schliessen diesen Gebetsteil mit
*Ehre sei dem Vater und dem Sohn **
und dem Heiligen Geist.

❖ *Wie im Anfang so auch jetzt und alle Zeit**
und in Ewigkeit. Amen.

◆ Wir runden die Gebetszeit mit einem gemeinsamen Lied ab.

Leben teilen 20 Min.

◆ Nach dem Eröffnungsteil wollen wir wie bei jedem Treffen Zeit lassen, um voneinander zu hören, wie es uns geht. Zum Einstieg liest jeder die nächsten Fragen durch und überlegt, was er den anderen von sich erzählen will.

❖ Mit welcher Stimmung bin ich heute hierher gekommen?
– Hat mich seit dem ersten Treffen noch etwas bewegt, was ich mit allen in der Gruppe teilen möchte?
– Gibt es ein konkretes Glaubenserlebnis, das ich berichten will?

◆ Bevor wir einander erzählen, kann es heute nochmals hilfreich sein, wenn wir uns mit Namen und anderen persönlichen Eigenschaften vorstellen.

Wer will beginnen?

❖ Wir erzählen einander

Bibel teilen 45 Min.

◆ Wir wollen nun kurz innehalten und uns bewusst werden, dass Jesus in seinem Wort unter uns gegenwärtig ist. Der folgende Kanon will uns einstimmen:

❖ *«Gottes Wort ist wie ein Licht in der Nacht;*
es hat Hoffnung und Zukunft gebracht;
es gibt Trost, es gibt Halt
in Bedrängnis, Not und Ängsten
ist wie ein Stern in der Dunkelheit.»

◆ Im Kontext 2 zum letzten Treffen war die folgende Geschichte abgedruckt. Wie wollen sie hier wiederholen. Jemand liest den folgenden Text für alle vor:

❖ Im Jahre 1209 hörte Franz von Assisi, wie in einer Kirche folgende Bibelstelle vorgelesen wurde: *«Geht und verkündet: Das Himmelreich ist nahe. Heilt Kranke, weckt Tote auf, macht Aussätzige rein, treibt Dämonen aus! Umsonst habt ihr empfangen, umsonst sollt ihr geben. Steckt nicht Gold, Silber und Kupfermünzen in euren Gürtel. Nehmt keine Vorratstasche mit auf den Weg, kein zweites Hemd, keine Schuhe, keinen Wanderstab, ...»* Diese Worte Jesu bei der Aussendung der Jünger hatte Franziskus sicherlich schon oft in der Liturgie gehört. Ihren Sinn mag er schon immer eingesehen haben. Aber als er sie an diesem Tag hörte, haben die Worte wie ein Blitz eingeschlagen. Er verstand, dass er sie jetzt in sein Leben umzusetzen hatte. Das Wort Gottes hatte zu ihm gesprochen; Jesus hatte durch dieses Wort zu ihm gesprochen.

Immer, wenn wir Bibel teilen, wollen wir mit der Einstellung an den Bibeltext herantreten, dass Jesus mir persönlich während unseres Treffens durch den Text etwas sagen könnte.

◆ Heute lesen wir den Text: Das Gleichnis vom Sämann im Markusevangelium 4,1–9. Wer liest vor?

❖ *Ein andermal lehrte er wieder am Ufer des Sees, und sehr viele Menschen versammelten sich um ihn.*
Er stieg deshalb in ein Boot auf dem See und setzte sich; die Leute aber standen am Ufer. Und er sprach lange zu ihnen und lehrte sie in Form von Gleichnissen.
Bei dieser Belehrung sagte er zu ihnen: Hört!
Ein Sämann ging aufs Feld, um zu säen.
Als er säte, fiel ein Teil der Körner auf den Weg, und die Vögel kamen und frassen sie. Ein anderer Teil fiel auf felsigen Boden, wo es nur wenig Erde gab, und ging sofort auf, weil das Erdreich nicht tief war; als aber die Sonne hochstieg, wurde die Saat versengt und verdorrte, weil sie keine Wurzeln hatte.
Wieder ein anderer Teil fiel in die Dornen, und die Dornen wuchsen und erstickten die Saat, und sie brachte keine Frucht.
Ein anderer Teil schliesslich fiel auf guten Boden und brachte Frucht; die Saat ging auf und wuchs empor und trug dreissigfach, ja sechzigfach und hundertfach.
Und Jesus sprach: Wer Ohren hat zum Hören, der höre!

◆ Wir wiederholen einzelne Worte oder Sätze. Dabei schadet es nicht, wenn verschiedene Gruppenmitglieder den gleichen Satz hintereinander wiederholen. So sickert der Text besser in uns ein.

❖ Alle wiederholen Worte oder Sätze ...

◆ Jetzt werden wir drei Minuten still. In dieser Stille versuchen wir zu hören, was Jesus uns durch diesen Text sagen will.
Wer möchte, kann sich das, was er in seinem Innern vernimmt, hier aufschreiben:

____

____

____

____

◆ Was haben wir in diesem Wort Gottes vernommen? Was hat sich in unserem Innern in der Stille ereignet? Wie haben wir durch das Wort der Schrift Jesus zu uns persönlich sprechen hören?

Wir teilen einander mit, was wir in unseren Herzen vernommen haben.

❖ Wir erzählen einander unsere Erfahrungen mit dem Wort.

> *Hinweis für das Leitungsteam:* Wenn alle ihre Gedanken frei mitgeteilt haben, und noch genügend Zeit bleibt, können die nächsten Fragen Hilfestellung für ein weiterführendes Gespräch sein. Diese Fragen können auch zuhause noch gelesen werden.

◆ Für eine weiterführende Vertiefung können folgende Fragen helfen. Wir lesen sie zuerst still für uns:

❖ Welcher Boden entspricht meiner momentanen Herzenshaltung?
«*Hört!*» Wo und wie habe ich Gottes Reden schon wahrgenommen?
Was kann mir helfen, Gottes Reden in meinem Leben besser zu hören?
Gibt es Lebensbereiche, wo ich Gottes Wort lieber nicht hören will?

Ins Leben bringen 3–5 Min.

◆ Wir lesen den folgenden Text.

❖ Wir überlegen, wie wir das, was wir eben vom Wort Gottes her neu vernommen und was wir miteinander besprochen haben, im alltäglichen Leben verwirklichen können. Welchen Impuls aus dem Wort Gottes nehmen wir für die kommende Woche mit? Wir können uns das notieren.

◆ Was wollen wir davon einander jetzt mitteilen?

Gebet und Fürbitte 10 Min.

◆ In einer kurzen Stille könne wir Jesus für das persönliche Wort danken, das wir mitnehmen.

❖ Stiller Dank

◆ Heute wollen wir wie letztes Mal Anliegen sammeln. Wer hat Anliegen, die wir ins Vater unser einschliessen wollen?

❖ Anliegen nennen

◆ Wir beten gemeinsam das «Vater unser». (Wir können dazu aufstehen und einander zum Zeichen der Verbundenheit die Hände reichen.)

Danach kann ein Lied unser Treffen abschliessen.

Hinweise für zuhause 5 Min.

◆ Jedes liest das Folgende still für sich durch.

❖ Möglichkeiten, wie die Zeit bis zum nächsten Gruppentreffen sinnvoll genutzt werden kann:

- Wer sich in der Bibel schon zurechtfindet, kann das Hören des Wortes Gottes mit den folgenden Bibelstellen weiter vertiefen:

1 Könige 19,1–13a	Jesaja 55, 1–5
Deuteronomium 6, 4–9	Jesaja 55, 6–13
Jesaja 49, 1–9	Jeremia 7, 21–28
Ezechiel 3, 1–11	

- Wir lesen die weiterführenden Texte.
- Haben Sie eine Bibel, am besten eine «Einheitsübersetzung»? Denn ab dem nächsten Treffen werden die Bibelstellen nicht mehr abgedruckt sein.

◆ Gibt es noch Fragen?

Wenn nicht, können wir das Treffen gemütlich ausklingen lassen.

Gemütlicher Ausklang

Weiterführende Aspekte

1. Hören – Horchen – Schweigen – Stille

Viele Jahre lebte in den Bergen ein Einsiedler. Er war bekannt für seine Weisheit und er wurde von allen gerühmt. Zu ihm stieg eines Tages ein junger Mann auf, um bei ihm die Weisheit des Lebens zu lernen. Er traf den Einsiedler gerade beim Wasserschöpfen am Brunnen. «Ich will dein Schüler werden, um von dir die Weisheit des Lebens zu lernen», sprudelte es aus dem jungen Mann hervor. Der Einsiedler gab kurz zur Antwort: «Dann schau in den Brunnen.» «Aber ich will doch von dir etwas hören und bei dir lernen», wandte der junge Mann ein. Aber der Einsiedler schwieg und ging mit dem vollen Wassereimer von dannen. Als der junge Mann in den Brunnen schaute, sah er nichts ausser Wasser.

Enttäuscht kehrte der junge Mann in seine Stadt zurück. Bald darauf machte er sich zum zweiten Mal auf den Weg. Wieder war der Einsiedler beim Wasserschöpfen und sagte nur kurz: «Schau in den Brunnen.» Wieder sah er nur das aufgewühlte Wasser.

Tief traurig verliess er zum zweiten Mal die Einsiedelei. Wollte ihn der Einsiedler nicht als Schüler? Zum dritten Mal stieg er in die Berge auf. Wieder war der Einsiedler beim Wasserschöpfen am Brunnen. «Ich will dein Schüler werden, um von dir die Weisheit des Lebens zu lernen», klang es bettelnd aus seinem Mund. «Dann schau in den Brunnen. Was siehst du da?» «Vom Wasserschöpfen aufgewühltes Wasser!» «Warte eine Weile.» Als sich das Wasser im Brunnen beruhigt hatte, fragte der Einsiedler den jungen Mann wieder: «Was siehst du?» «Mein Gesicht, das sich auf dem Wasser spiegelt!» «Siehst du», sagte der Einsiedler, «erst in der Stille beginnen wir zu erkennen.»

Stille ist in unserer heutigen Zeit ein bedrohtes Gut. Durch unser vielfältiges Alltagsgeschäft wird das Wasser unserer Seele ständig in Bewegung gehalten. Die Wasseroberfläche der Seele kann uns deshalb nichts zurückspiegeln. Wir verlieren den Kontakt zu uns selbst und wir leiden an uns, ohne recht zu wissen warum.

In der Gegenwart Gottes verweilen

In Gruppen wird Stille oft als peinliche Leere erlebt, die eine grosse Hilflosigkeit auslöst. So wird die gemeinsame Stille vor Gott nicht gesucht und eine heilsame Zeit für die Gruppe wird verpasst.

Andere geben eine persönliche Zeit mit Gott, die sogenannte «Stille Zeit», deshalb auf oder fangen sie erst gar nicht an, weil sie mit der Stille und der Einsamkeit nicht zurechtkommen. Im Alten (Ersten) Testament schreibt der Weisheitslehrer Kohelet: *«Alles hat seine Zeit; es gibt eine Zeit zum Schweigen und eine Zeit zum Reden»* (Kohelet 3,7) Und im Buch der Weisheit wird die Stille und das Schweigen als Ursprung des Wortes Gottes gesehen: *«Als tiefes Schweigen das All umfing und die Nacht bis zur Mitte gelangt war, da sprang dein allmächtiges Wort vom Himmel herab»* (Weisheit 18,14).

In den Anweisungen zum Bibelteilen weist der «Erfinder» dieser Methode, Oswald Hirmer, auf die Bedeutung und die Schwierigkeit der Stille und des Schweigens hin: «Was tun in der Zeit des Schweigens? Einige wiederholen innerlich einfach ein Wort des Textes, das sie besonders angesprochen hat. Sie verweilen im Geschehen. Andere stellen sich das Geschehen bildhaft vor. Es soll keine Totenstille herrschen. Das Schweigen soll den Teilnehmern helfen, in der Gegenwart Gottes zu verweilen und das Geschehen oder den Text tiefer aufzunehmen. Die Stille kann den Menschen für Gottes Sprechen öffnen und damit neue Wege zeigen und neue Einsichten vermitteln.»

Beten als horchendes Schweigen

Manche katholischen Christen haben mit dem Schweigen und der Stille ihre Schwierigkeiten. Denn oft bestehen die katholischen Gottesdienste fast nur aus Aktionen, als ob immer etwas los sein müsste. Wenn ein Priester eine Zeit der Stille einlegt, kann es missverstanden werden. Manche haben dann das Gefühl, der Zelebrant wisse nicht mehr weiter.

Hinter solchen Schwierigkeiten steht weithin eine falsche Vorstellung von Gebet und Gottesdienst überhaupt. Dies beginnt schon bei der Definition von Gebet als «Sprechen mit Gott». Wenn Gebet ein Gespräch ist, dann kann das Beten nicht auf einen Monolog verkürzt werden. Dann gehört auch Zuhören und Schweigenkönnen dazu. Dies gilt auch für viele frei formulierte Gebete. Sie bestehen oft auch nur aus einem einseitigen Reden des Menschen zu seinem Gott. Man redet und hofft, dass Gott dabei schweigt und zuhört.

Die Folgen solch einseitigen Betens sind gross. Wer nicht schweigt, kann von Gott nichts hören und nichts erfahren. Er entdeckt die Quelle des Lebens kaum.

Wenn wir dagegen Beten als «Gemeinschaft mit Gott» definieren, wird schnell einsichtig, dass zur Gemeinschaft auch das Schweigen und Zuhören, das aktive Horchen und Aufnehmen dazugehört. Tiefe Zweisamkeit, intime Vertrautheit und Einswerden geschieht zwischen zwei Menschen oft dann, wenn keiner der beiden mehr etwas sagen muss.

Eine Geschichte erzählt von einem alten einfachen Bauern. Oft sah man ihn in der Kirche still und allein vor dem Kreuz sitzen. Sein Mund bewegte sich nicht. Nach einiger Zeit stand er wieder auf und ging. Eines Tages beobachtete ihn jemand eine ganz Zeit lang. Schliesslich fragte er den alten Bauer: «Was machen Sie denn in dieser Zeit vor dem Kreuz?» «Nichts», antwortete der Bauer. «Nichts?» fragte der andere erstaunt zurück. «Nein nichts. Wir schauen uns nur an. Jesus schaut mich an und ich schaue ihn.»

Bevor Jesus seine Apostel auswählte, ging er auf einen Berg, um allein zu beten. Er verbrachte die ganze Nacht im Gebet zu Gott. Er dachte unter den Augen seines Vaters nach, wie es weitergehen solle. Lukas nennt dieses horchende Schweigen und Jesu Antwort «Gebet». Was dabei reifte, war die Wahl der Zwölf.

Ähnlich will das Bibelteilen zum Gebet werden, wenn wir für eine geraume Zeit schweigen und aufmerksam hören, was Gott durch den Text in die Situation unseres Lebens hineinsprechen will. Das Schweigen bei Bibelteilen ist nicht das Schweigen des Schülers, der nichts weiss. Es handelt sich auch nicht um ein Nichtreden. Noch weniger um ein gelangweiltes Warten, ob nicht bald etwas geschieht. Es geht um das Schweigen, das zum Hören befähigt. Rechtes Schweigen ist Aktivität: Warten und Horchen, um vernehmen zu können.

2. Wissenswertes zum Markusevangelium 4,1–9

In die Haltung des Menschens auf Gott will uns von Anfang an die Bibel hinführen. *«Höre, Israel!»* (Deuteronomium 6,4), so beginnt das jüdische Glaubensbekenntnis, das man bereits zur Zeit Jesu mit zwei anderen Schriftstellen jeden Tag morgens und abends rezitierte. Immer wieder hat Jesus vom Hören gesprochen. *«Euch, die ihr mir zuhört, sage ich ...»* (Lukas 6,27) *«Gebt also acht, dass ihr richtig zuhört.»* (Lukas 8,16).

Dazu haben wir bei unserem zweiten Gruppentreffen die Bibelstelle von der vierfach aufgehenden Saat gelesen und besprochen. Dort war von vier verschiedenen Böden die Rede: den festgetrampelten Pfad, den felsigen Boden, dornenartiges Gestrüpp und den fruchtbaren Ackerboden.

Welcher Boden gleicht meinem Herzen?

Jesus vergleicht die Bodenarten mit dem menschlichen Herzen. Er erkennt vier verschiedene Gruppen von Menschen, wobei eine Person zu mehreren Gruppen gehören kann.

Zur ersten Gruppe gehören die Menschen, deren Herz wie ein festgetrampelter Pfad, wie ein *«Weg»* ist. Sie hören zwar Gottes Wort, aber sie sind dafür nicht offen und es dringt nicht in ihr Leben ein.

Zur zweiten Gruppe gehören die Menschen, deren Herz einer «felsigen Gegend» gleicht, das heisst: Zwischen den Felssteinen gibt es aufnahmefähigen Boden. Saat kann dort aufgehen. Menschen können sich zwar für das Wort begeistern. Doch das Wort erreicht keine tieferen Schichten, weil es schnell auf felsigen Grund trifft. «Es war ganz schön!» werden diese oft sagen, und dabei bleibt es.

Die dritte Gruppe sind Menschen, die das Wort Gottes ernst nehmen möchten, aber zugleich ist ihr Herz voller Alltagssorgen oder sie sind mit allem gleichzeitig beschäftigt, was um sie herum vor sich geht. Sie hören zwar Gottes Wort, aber sie können nicht abschalten. Sie leben zwiespältig und schwanken zwischen Gott und der Welt. Gottes Wort bekommt nicht die notwendige Priorität. Sie können für eine stille Zeit Alltag nicht Alltag sein lassen.

Die vierte Gruppe sind Menschen, die einem *«guten Boden»* gleichen. Sie sind bereit und offen für Gottes Wort. Sie finden und nehmen sich Zeit. Es betrifft und berührt sie. Wie mit neuen Augen beginnen sie ihr Leben und die Welt zu sehen und entsprechend ihr Leben zu gestalten. Gott bekommt Priorität in ihrem Leben und es reifen Früchte.

Hören lernen

Dieses Gleichnis will nicht nur auf verschiedene Herzenshaltungen hinweisen. Es will uns vielmehr ermutigen, hören zu lernen. Darum sagt Jesus sehr eindringlich: *«Wer Ohren hat zum Hören, der höre!»* Es geht ums Hören lernen. Jesus traut uns zu, in unserer inneren Hörfähigkeit zu wachsen.

Hören ist nicht nur die Wahrnehmung eines akustischen Signals, sondern ein Einwirken und Einsickern lassen von Ereignissen. Solches Hören wird beispielsweise von Maria nach der Geburt Jesu erzählt. *«Maria aber bewahrte alles, was geschehen war, in ihrem Herzen und dachte darüber nach.»* (Lukasevangelium 2,19) Auch zwölf Jahre später, als sie ihren Sohn nicht mehr verstand, reagierte Maria mit schweigendem Nachdenken. *«Seine Mutter bewahrte alles, was geschehen war, in ihrem Herzen»* (Lukasevangelium 2,51b). Über Gottes Wort nachdenken und es im Herzen bewahren, solches «auf Gott hören» ist man nicht so ohne weiteres gewohnt.

Mancher Boden ist noch nicht locker genug. Besondere positive vor allem aber negative lebensgeschichtliche Prägungen, Verhaltensmuster, auch Enttäuschungen und unsere Reaktionen darauf haben unsere Meinung zu bestimmten Dingen verfestigt. Der eigene Boden (sprich Herz) ist hart oder steinig geworden. Neuem begegnet man nicht mehr so leicht und locker, man schirmt sein Inneres ab. Man ist nicht mehr so leicht empfänglich für Gottes Wort und Wirken.

Deshalb bedarf es einer bewussten Einübung. Das wollen wir bei unseren Gruppentreffen lernen. Gegenseitige Anteilnahme und Anteilgabe am Leben, nachfragen wie es einem wirklich geht, füreinander beten usw. können dazu verhelfen. «Ich werde morgen beim schwierigen Gespräch an dich denken und für dich beten.» «Ich werde dich fragen, wie es dir gelungen ist.» Solche Anteilnahme unterstützt die Umsetzung des als richtig Erkannten im Alltag.

Weiter werden wir entdecken, dass nicht nur im Überlegen und Nachdenken über ein Wort der Bibel, sondern im Üben und Tun

Kraft und Freude aufbricht. Jakobus ermutigt zur Tat: «*Hört das Wort nicht nur an, sondern handelt danach.*» (Jakobusbrief 1,22). Wer sich durch Jesu Worte inspiriert zum Tun begibt, wird erfahren, dass sein Leben sich wandelt. Und dies hat Auswirkungen auf die Umgebung. Frucht reift heran «*dreissigfach, ja sechzigfach und hundertfach*».

Zum Weiterdenken

- Mit welchem Boden könnte ich meine momentane Lebenssituation vergleichen?
- Was kann mir helfen, Gottes Reden in meinem Leben besser zu hören?
- Kenne ich Menschen, die viel Frucht bringen und mich ermutigen, weil sie Jesus kennen? Was kann das Geheimnis ihrer Fruchtbarkeit sein?

3. Die Synoptiker

Unser Text wird auch im Matthäusevangelium (13, 1–9) und Lukasevangelium (8,4–8) überliefert. Wer genau liest, wird kleine Unterschiede feststellen. Warum ist das so?

Das Gleiche mit anderen Nuancen

Wer die vier Evangelien durchliest, stellt überrascht fest, dass drei sich sehr ähnlich sind: das Markus-, Lukas- und Matthäusevangelium. Das zeigt sich einmal daran, an welchen Orten Jesus sich aufhält. Die erste Station seiner öffentlichen Tätigkeit ist Galiläa. Die zweite Station zeigt ihn auf dem Weg nach Jerusalem. Die dritte Station ist Jerusalem. Dort vollendet sich sein irdisches Wirken in Tod und Auferstehung. Aber nicht nur die Orte, auch die Leibhaftigkeit und Menschlichkeit Jesu ist bei diesen Evangelien ähnlich.

Im sogenannten vierten Evangelium, dem Johannesevangelium, ist Jesus im Verlauf seines öffentlichen Wirkens mehrmals in Jerusalem. Auch Sprache und Aufbau sind im Johannesevangelium anders. Zum Beispiel heissen Wunder bei Johannes «Zeichen».

Die «Synoptiker»

Wir wollen uns hier etwas mit den drei ersten Evangelien beschäftigen.

Wie kommen diese Drei dazu, die Wirklichkeit des Lebens Jesu Christi «synoptisch», das bedeutet «aus der gleichen Optik heraus» zu deuten? Heute geht man davon aus, dass Markus bis um 70 n.Chr. sein Evangelium geschrieben hatte. Lukas und Matthäus haben sein Evangelium zusammen mit einer anderen gemeinsamen Quelle übernommen und auch eigene Jesusgeschichten hinzugefügt und ihrer jeweiligen Gemeindesituation angepasst. Johannes, der vierte Evangelist, verwendet dagegen diese Quellen fast nicht, setzt sie aber voraus.

Dazu verfolgt jeder der drei «Synoptiker» nochmals eigene Absichten. Lukas schreibt für Juden, die Christen geworden sind, also für sogenannte «Judenchristen». Markus hat eher die ehemals anders Gläubigen, die sogenannten «Heiden», vor Augen; er schreibt also für «Heidenchristen». Matthäus wiederum hat Juden- und Heidenchristen vor Augen. Das erklärt unter anderem, warum die gleichen Jesuserfahrungen in Nuancen verschieden überliefert sind. Die äusseren Umstände haben die einzelnen Evangeliumsschreiber beeinflusst.

Wer sich für die Gemeinsamkeiten und die Unterschiede der Evangelien bis in jede kleine Nuance hinein interessiert, der nimmt sich eine sogenannte «Synopse» zur Hand. Dort werden die Texte der vier Evangelien nebeneinander dargestellt und man kann parallel lesen und vergleichen.

Evangelien entstehen in einem langen Prozess

Bei den Evangelien handelt es sich also nicht immer um tatsächlich gesprochene Worte Jesu, wie er sie wortwörtlich als irdischer Mensch gesprochen hat. Bei den überlieferten Worten kann es sich durchaus um Formulierungen der Evangelisten handeln. Ausserdem kann es sich hier im einen oder anderen Text um Erinnerungen einer konkreten Gemeinde handeln. Weiter kann es sich bei einigen Texten um theologische Aussagen des Evangelisten und seiner Gemeinde handeln. *Und doch spricht aus all dem der auferstandene Jesus, auf den wir hören.*

Daneben gibt es noch andere sogenannte frühchristliche Schriften, die in einem langen bis ungefähr 400 (!) nach Christus dauernden Entscheidungsprozess dann doch nicht unter die Schriften des Neuen Testamenten aufgenommen wurden. Darunter sind auch weitere «Evangelien», also Erzählungen zum Leben und Reden Jesu. Das bekannteste ist das Thomasevangelium. Aus all diesen Schriften hat die «römische Gemeinde» das Neue Testament zusammengestellt und dabei eine gute Auswahl getroffen, wie die heutige wissenschaftliche Forschung belegt.

Nachdem die ersten Christen aus Jerusalem vertrieben worden waren ist Rom, das Zentrum der damaligen Welt, auch das Zentrum der ersten Christen geworden. In Rom wurden Petrus und Paulus getötet und begraben. Deshalb kam der römischen Kirche eine besondere Bedeutung zu. Von Rom aus begann sich das Christentum in alle Welt auszubreiten.

3. Treffen: Gott zu Wort kommen lassen

(Die Kerze brennt. Sie erinnert an die Gegenwart Jesu Christi mitten unter uns.)

◆ Haben alle ihre Bibel dabei?

Eröffnung: Dank und Lobpreis 15 Min.

◆ In der Eucharistie schliesst jede Lesung mit «Wort des lebendigen Gottes». Wir wollen miteinander erreichen, dass die Bibel immer mehr zum Wort wird, durch das der lebendige Gott heute zu uns spricht.

Zunächst aber singen wir miteinander.

❖ Lied

◆ Wir werden still, laden Jesus zu uns ein und danken ihm für seine Gegenwart. «Komm in unsere Mitte, Herr. Danke bist du jetzt da!»

❖ Stille

◆ Wer betet den Psalm 23 laut vor?

*Der Herr ist mein Hirte, **
nichts wird mir fehlen.
*Er lässt mich lagern auf grünen Auen **
und führt mich zum Ruheplatz am Wasser.
*Er stillt mein Verlangen; **
er leitet mich auf rechten Pfaden, treu seinem Namen.
*Muss ich auch wandern in finsterer Schlucht, **
ich fürchte kein Unheil;
*denn du bist bei mir, **
dein Stock und dein Stab geben mir Zuversicht.
*Du deckst mir den Tisch **
vor den Augen meiner Feinde.

*Du salbst mein Haupt mit Öl, **
du füllst mir reichlich den Becher.
*Lauter Güte und Huld werden mir folgen mein Leben lang, **
und im Haus des Herrn darf ich wohnen für lange Zeit.

◆ Wir wiederholen die Sätze des Psalms und verändern sie in «Du-Form». Wir sprechen ganz bewusst Gott mit «Du» an und danken ihm für sein Dasein. Etwa «Danke, Du bist mein Hirte». Wenn mehrere Gruppenmitglieder den gleichen Vers wählen, stört dies nicht. Es dient der Gebetsatmosphäre.

✣ Alle versuchen in der «Danke-Du-Form» zu beten.

◆ *Ehre sei dem Vater und dem Sohn **
und dem Heiligen Geist.

✣ *Wie im Anfang so auch jetzt und alle Zeit **
und in Ewigkeit. Amen.

◆ Wir singen ...

Leben teilen 20 Min.

◆ Wir erzählen einander unsere Erfahrungen aus den zurückliegenden Tagen. Wir geben uns gegenseitig Anteil an dem, was uns in letzter Zeit sehr beschäftigt hat. Dabei ist wichtig, einander auch die momentane Gefühlslage zu erzählen. So können wir viel besser einschätzen, warum jedes Einzelne heute so wie immer oder anders reagiert. Folgende Fragen können uns helfen. Wir lesen sie still:

✣ Wo komme ich gerade her? Was lief gerade noch zuhause oder im Betrieb?

Woran hängen jetzt meine Gedanken?
In welcher Stimmungslage bin ich heute hier?
Gibt es ein konkretes Glaubenserlebnis, das ich berichten will?
Oder hat mich seit dem letzten Treffen noch etwas beschäftigt, was ich mit allen in der Gruppe teilen möchte?

◆ Wer möchte mit dem Erzählen beginnen? Es ist immer auch möglich, nichts zu sagen. Es tut gut dies auch mitzuteilen.

Bibel teilen 45 Min.

◆ Wir wollen nun kurz innehalten und uns bewusst werden, dass Jesus in seinem Wort unter uns gegenwärtig ist. Der folgende Kanon will uns einstimmen:

❖ *«Gottes Wort ist wie ein Licht in der Nacht;*
es hat Hoffnung und Zukunft gebracht;
es gibt Trost, es gibt Halt
in Bedrängnis, Not und Ängsten
ist wie ein Stern in der Dunkelheit.»

◆ Wir kommen zum nächsten Schritt: Jesus selbst lebte aus der Heiligen Schrift. Er kannte sich gut mit ihr aus. Auf was er besonders achtete, war, ob und wie sich die Worte der Schrift jetzt aktuell bewahrheiten und erfüllen. Immer wieder heisst es im Neuen Testament *«... damit erfüllte sich das Schriftwort»*.

Bei unserem Treffen wollen wir diesem Gedanken nachgehen: Wie könnte sich das Wort der Schrift heute erfüllen?

❖ Wir lesen den Text: **Lukasevangelium Kapitel 4, Verse 16–21.**

❖ Wir wiederholen einzelne Worte oder Sätze.

◆ Wenn wir Jesus in der Stille zu uns sprechen lassen, kann es hilfreich sein, sich die Geschichte innerlich auszumalen, indem wir uns sozusagen in die Synagoge zu setzen. Dabei wollen wir vor allem die Szene auf uns wirken lassen, wie Jesus selbst auf das Wort Gottes reagiert, während er es liest bzw. nachdem er es gelesen hat.

❖ Wir schreiben auf, was uns innerlich angesprochen hat.

____

____

____

◆ Wir teilen einander mit, was sich in unseren Herzen bewegt hat.

❖ Wir tauschen uns aus.

◆ Wir beschäftigen uns mit weiteren Fragen:
- Was ereignet sich für Jesus, als er die Schrift liest?
- Was erwartet Jesus von der Heiligen Schrift? Auf welche Art und Weise geht er mit der Schrift um?
- Was könnte das für unseren Umgang mir der Schrift heute bedeuten? Dürfen auch wir erwarten, dass sich ein Wort der Schrift heute erfüllt?

Ins Leben bringen 3–5 Min.

◆ Jeder liest für sich die folgende Anregung.

❖ Wir überlegen, was wir ins alltägliche Leben mitnehmen können und notieren uns das.

____

____

____

◆ Was wollen wir davon einander jetzt mitteilen?

Gebet und Fürbitte 10 Min.

◆ Wir sind eingeladen, leise für das zu danken, was geschenkt wurde.

❖ Wir beten leise.

◆ Heute gehen wir bei den Fürbitten einen Schritt weiter. Wir sind eingeladen ein persönliches Anliegen laut vor den Herrn zu tragen. Zum Beispiel: «Jesus, ich bringe dir Sonja, die krank ist.»

❖ Wir beten die Fürbitten: «Jesus, ...»

❖ Wir beten zum Schluss gemeinsam das «Vater unser». und schliessen mit der Bitte um den Segen. Dazu können wir dann das Kreuzzeichen machen.

◆ Wir können noch ein Lied singen.

Hinweise für zuhause 5 Min.

◆ Die Zeit zwischen den Gruppentreffen soll wieder der Vertiefung dienen. Dazu lesen wir das Folgende durch.

❖ Die Zeit zwischen den Gruppentreffen könnte dieses Mal so genutzt werden.

- Anregung: Wir können in der Zwischenzeit jeweils mit dem rechten Nachbarn der Gruppe telefonieren.
- Wir beschäftigen uns mit den weiterführenden Kontexten:
- Für die «Stille Zeit»: Die folgenden Bibelstellen nehmen das Thema des heutigen Treffens auf:

Johannesevangelium 1, 1–18	Johannesevangelium 14,23–27
Matthäusevangelium 7,24–29a	1 Petrusbrief 1,13–25
Lukasevangelium 11,27–28	Ezechiel 2,8–3,3
Jakobusbrief 1,19–27	

(◆ Bevor wir uns wieder hier in der Gruppe treffen, findet ein WeG-Gemeinschaftstreffen statt. Termin ist der ... um ... Uhr, der Ort ist ...

– Kommen alle zu diesem Treffen oder hört jemand auf?)

Bis dahin ist es gut sich folgende Fragen zu stellen:

- Möchte ich mit der Gruppe an den weiteren neun Treffen teilnehmen?
- Das Leitungsteam überlegt, ob es weiter für diesen Dienst zur Verfügung steht.
- Falls jemand aus dem Leitungsteam aufhört: Ist jemand aus der Gruppe bereit im Leitungsteam mitzuhelfen?

Gemütlicher Ausklang

Weiterführende Aspekte

1. Wachstum durch Entscheidung

Nach einem Glaubensseminar entstehen oft mehrere Gruppen, die sich dann mit «Neuer Wein in neue Schläuche – Eine Einführung in gemeindliche Kleingruppen» auf den Weg machen. Wo es mehrere Gruppen gibt, werden diese nach dem dritten Treffen zu einem gemeinsamen Treffen aller Gruppen zum sogenannten WeG-Gemeinschaftstreffen eingeladen. Dort sollen die nächsten Entscheidungen getroffen werden. Aber auch wenn eine Gruppe alleine ist, wird sie ermutigt, sich nach dem dritten Treffen zusammenzusetzen, um zu überlegen, ob und wie sie miteinander weitermachen wollen.

Deshalb findet sich am Ende des dritten Treffen unter «Hinweise für zuhause» die Frage, ob wir weiterhin in der Gruppe zusammen bleiben wollen. Ebenso soll das Leitungsteam entscheiden, ob es weiter für diesen Dienst zur Verfügung steht.

Entscheidungen setzen neue Kräfte frei

Dahinter steckt eine allgemein menschliche Erfahrung, dass getroffene Entscheidungen neue Kräfte freisetzen und «Wachstumsschübe» auslösen können, während aufgeschobene oder nie eingeholte Entscheidungen den Wachstumsweg gerade des eigenen Glaubens eher verhindern. Wie im Leben, geht den entscheidenden Wachstumsschritten meist eine Entscheidungssituation voraus, ob im Berufsleben, bei der Partnerschaft, im freiwilligen Engagement. Dabei werden wir fast von selbst vor die Entscheidung geführt. Die Berufswahl steht an. Der Partner, die Partnerin fordert irgendwann eine Entscheidung ein.

Umso wichtiger ist es gerade dort zu Entscheidungsschritten hinzuführen, wo man sie normalerweise nicht erwartet, aber wo sie die Weichen für das weitere Wachstum stellen. Dies gilt insbesondere für Gruppenprozesse und Glaubenswege.

Glaubenswege setzen Freiheit voraus

Glaube kann nur im Raum der Freiheit sich gesund entwickeln, weil es beim Glauben um die persönliche Beziehung und freiwillige Bindung an Jesus Christus und seinen Gott geht. Deshalb sind für alle, die sich auf Glaubensprozesse einlassen, Entscheidungsschritte eine wesentliche Voraussetzung, um die Freiheit jedes Einzelnen zu gewährleisten. Entscheidung ermöglicht Freiheit. Jeder Einzelne soll nur soweit gehen, wie es für ihn stimmig ist, aber er soll auch dem anderen den Weg zugestehen, der für den anderen angemessen ist.

Das heisst, Lernwege und Wachstumsprozesse im Glauben sollen so angelegt sein, dass immer wieder freie Entscheidungsschritte möglich werden. Der Zeitraum einzelner Etappen muss deshalb überschaubar bleiben und in sich abgeschlossen sein.

Aus diesem Grund hat jedes Glaubensseminar ein festes Ende. So muss jede und jeder überlegen, was war, und sich entscheiden, auf welchem Weg er oder sie weitergehen will. Deshalb haben wir zunächst drei Schnuppertreffen miteinander vereinbart, um danach zu schauen und zu klären: Stimmt das, auf was wir uns da eingelassen haben?

Auch die Zeit von «Neuer Wein in neue Schläuche» endet einmal und man ist wieder eingeladen, sich über seinen Stand und seine Berufung Gedanken zu machen und zu entscheiden. Wachstum geht über Stufen. Wachstum wird deshalb durch Entscheidungen gefördert.

2. Wissenswertes zum Lukasevangelium 4,16–21

Entscheidungen finden sich auch im Leben Jesu. Er hat für sich Entscheidungen getroffen und seine Zuhörerinnen und Zuhörer auch vor Entscheidungen gestellt, um ihnen Freiheit zu ermöglichen.

Die Situation des Textes

Die Taufe am Jordan war für Jesus ein entscheidender Schnittpunkt in seinem irdischen Leben. Von nun an begann sein öffentliches Wirken. Zur Vorbereitung zog er sich vierzig Tage in die Wüste zurück. Von dort kehrte Jesus, *«erfüllt von der Kraft des Geistes, nach Galiläa zurück. Und die Kunde von ihm verbreitete sich in der ganzen Gegend. Er lehrte in den Synagogen und wurde von allen gepriesen»* (Lukasevangelium 4,14–15).

Jesu Wirken hat in den Nachbardörfern Staunen und Freude ausgelöst. Seine Lehre und seine Heilstaten machen Eindruck. Natürlich erfahren davon auch die Leute von Nazaret, die Jesus von Kindsbeinen an als einen der Ihren kannten. Nun kommt Jesus nach Nazaret. Was für eine innere Situation trifft er bei seinen eigenen Mitbürgern an?

- Vielleicht sind die Jugendfreunde neugierig und gespannt, was ihnen Jesus zu bieten hat.
- Vielleicht sind sie stolz auf ihren Jesus, durch den ihr Dorf überall bekannt wird, denn er wird als «Jesus von Nazaret» bezeichnet.
- Vielleicht erwarten sie Vorteile: «Der gute Kollege Jesus soll auch etwas für uns tun!» (Vitamin B!)
- Vielleicht ist auch Misstrauen da: «Den kennen wir doch! Was will denn der?»

Auch Jesus wird besondere Gefühle in sich tragen, als er nach Nazaret kommt. Vielleicht hat er Angst, abgelehnt zu werden. Vielleicht fragt er sich: Wie mache ich es am besten, dass ich «ankomme»? Solche Gedanken können jedoch auch blockieren. Letztlich zählt für Jesus nicht, was die Menschen denken oder erwarten, sondern die Sendung Gottes.

Die Botschaft

Jesus geht wie gewohnt am Sabbat in die Synagoge und tut, was jedem Juden erlaubt ist: Er liest die Schriftstelle vor, die an diesem Tag vorgelesen werden soll und er gibt eine Erklärung dazu, was nicht ungewöhnlich ist: Jesus spürt intuitiv, wie gerade diese Bibelverse seine Sendung klar ausdrücken. *«Heute hat sich dieses Schriftwort, das ihr eben gehört habt, erfüllt.»* Bis zu diesem Zeitpunkt war dieses Wort des Propheten Jesaja eine Verheissung Gottes. Ab diesem Moment, in dem Jesus es vorgelesen hat, ist sie erfüllt. In Jesus ist Gottes Heil unwiderrufbar da.

«Der Geist des Herrn ruht auf mir.» Jesus spürt, dass Gott selbst mit ihm ist. Er ist nicht allein. Die Kraft Gottes liegt auf ihm. In der Taufe (Lukasevangelium 3,21–22) wurde er zum Messias gesalbt.

Die Kraft und Autorität kommt also ganz von Gott. In engster Verbindung mit ihm führt er sein Werk aus. Jesus kündigt an, was Gott durch ihn tun will: Freiheit bringen. Freiheit von Hoffnungslosigkeit, Freiheit von Blindheit, Freiheit von Armut und jeder Form von Unterdrückung, Freiheit von Sünde. Das, was unser Leben belastet, soll von uns genommen werden: Traurigkeit, Unechtheit, Neid, Engherzigkeit, Missmut, Selbstüberforderung, Ängste. Jesu Hoffnung für die Menschen beruht nicht darauf, dass sie es einmal schaffen werden, alle Not zu beseitigen. Sie besteht vielmehr in der Botschaft, dass Gott auf der Seite jedes Armen steht und ihm umfassendes Heil schenken wird.

«Heute» heisst auch immer für uns heute. Wenn wir in der Bibel lesen, kann genau dasselbe geschehen, wie bei Jesus. Plötzlich spüren wir, dieser Bibelvers, diese biblische Geschichte beschreibt meine Situation. Sie gilt mir heute! Jetzt, wo wir das spüren und uns dem Wort und Wirken Gottes öffnen, beginnt Gottes Heil für uns konkret zu werden.

Die Reaktion und die Folgen

Dieser Ausspruch Jesu, dass sich in ihm heute dieses Wort erfüllt hat, führt seine Zuhörer vor eine Entscheidung: Glauben sie dies? Lassen sie sich darauf ein, dass auf Jesus Gottes Geist ruht? Sie sind skeptisch. Langsam gewinnt diese Skepsis die Oberhand. Das Staunen der Leute wandelt sich allmählich in Ablehnung.

«Ist das nicht der Sohn Josefs?» Sie stören sich am Anspruch Jesu. Sie stören sich daran, dass Gott so menschlich kommen will durch den, den sie alle kennen. Sie wollen Wunder sehen, eine Show, aber sie können noch nicht das neue Handeln Gottes an und durch Jesus hindurch wahrnehmen und annehmen.

Jesus richtet sich aber nicht nach ihren Wünschen und Erwartungen. Er tut, was Gott tun will, was jetzt Gottes Auftrag ist.

Jesus handelt aus einer grossen inneren Freiheit. Er wagt seine Verwandten und Freunde zu enttäuschen, Ablehnung und Gefahren auf sich zu nehmen. Doch auch da weiss er sich unter dem Schutz Gottes. Über sein Leben verfügen nicht Menschen, sondern sein Vater, dem er das Leben in der Taufe gegeben hat. *«Er aber schritt mitten durch die Menge hindurch und ging weg.»* (Lukasevangelium 4,14–15).

Zum Weiterdenken

- Worin besteht die Botschaft Jesu und was erwarten die Zuhörenden?
- Wie geht Jesus mit dem Schriftzitat um?
- Kennen wir Erfahrungen wie: «*Der Geist des Herrn ruht auf mir*»? Das heisst, haben wir schon einmal gespürt, dass ein Bibelvers exakt mir gilt.
- Mit welcher Erwartung und inneren Einstellung können wir deshalb die Bibel lesen?
- Was bedeutet das: «*Heute*» für mich? Welche Folgen könnte dies haben?
- Wer als Erwachsener neu zum Glauben gekommen ist: Teilen wir die Erfahrung, dass man uns jetzt plötzlich anders wahrnimmt?

3. Die Messiaserwartung der Umwelt

Nicht alles, was wir vom Leben und Wirken Jesu lesen, ist uns ohne weiteres verständlich. Dies deswegen, weil die Welt, in der Jesus lebte, unserer Welt in vielem fremd ist. Jesus lebte in einer völlig anderen Kultur. Davon können wir noch heute etwas erfahren, wenn wir die Länder im Nahen Osten besuchen.

Ein grundlegender Unterschied zwischen den Lebenserfahrungen damals und heute bestand darin, dass das politische Wohlergehen zur Zeit Jesu als Ausdruck der religiösen Verhältnisse betrachtet wurde. Alles wurde damals religiös betrachtet und geordnet. Wenn damals zum Beispiel ein Volk Erfolg und Reichtum hatte, verdankte es dies seinem Gott. Umgekehrt, erlebte es Elend oder musste es gar unter einer Fremdherrschaft leben, dann hat ihr Gott sie verlassen, oder er musste machtlos sein. Dieser Grundüberzeugung wollen wir noch etwas nachgehen.

Der Gott der Israeliten war Jahwe: Ich bin für euch da. In ihrer Geschichte hat das Volk Israel die Macht und Fürsorge ihres Gottes immer wieder erfahren. Doch nun lebten sie schon jahrelang unter der Fremdherrschaft der Römer. Die Israeliten gaben dafür jedoch nicht ihrem Gott Jahwe die Schuld – im Sinn, dass er zu schwach sei, um zu helfen. Die Schuld suchten sie – wie so oft in ihrer langen Geschichte – vielmehr bei sich und ihrem Versagen. Durch ihre Sünde hätten sie sich von Jahwe und seiner rettenden Heilsmacht getrennt.

Die Hoffnung jedes gläubigen Juden bestand nun darin, dass Jahwe eines Tages seine Macht wieder neu entfalten würde und er selbst neuer König in seinem Volk werde. Diese Sehnsucht nach Gott als König, Hirte und Herrscher seines Volkes war mit der Vorstellung einer dazu gesandten und berufenen Person – dem Messias – verbunden. Dieser werde Israel von der bedrückenden Fremdherrschaft der Römer erlösen. Immer wieder waren im Volk Männer aufgetreten, die sich als diesen Messias ausgaben und Aufstände gegen die Herrschaft der Römer anzettelten. Meist landeten sie und ihre Helfer am Galgen des Kreuzes.

Die vier Hauptgruppen

Das Volk spaltete sich in verschiedene Gruppen. Jede versuchte auf ihre Weise mit der Situation fertig zu werden.

- *Die Zeloten* waren terroristische Freiheitskämpfer, die es als ihre tiefste religiöse Verpflichtung ansahen, zum Schwert zu greifen, um die Römer und alle, die mit ihnen zusammenarbeiteten, zu vernichten oder zumindest zu schädigen. In ihren Augen waren all diese Verräter des Volkes, die – wie zum Beispiel die Zöllner – mit den Römern zusammenarbeiteten.
- *Die Pharisäer* waren eine grosse und sehr einflussreiche Gruppe. Sie sind die bekannteste Gruppe im Neuen Testament. Die Pharisäer waren der Überzeugung, dass sich Jahwe wegen der Übertretungen der Gesetze und Gebote von Israel zurückgezogen habe. Nur durch die Einhaltung aller Gebote werde Jahwe sich wieder dem Volk zuwenden und es retten. Darum gaben sie so peinlich genau acht auf das Einhalten aller Vorschriften und Gebote. Im Zentrum aller Gesetze stand für sie die Heiligung des Sabbat. Wer immer dieses Gesetz übertrat, wurde deshalb in ihren Augen zu einem Verräter am eigenen Volk, weil er eben so das Eingreifen Jahwes verhindere.
- *Die Saduzäer* stammten vor allem aus dem Jerusalemer Adel und aus reichen Priesterfamilien. Ihr Machtzentrum wollten sie auf alle Fälle bewahren. Sie galten als liberal und aufgeklärt und lehnten in manchem den Volksglauben ab. So zum Beispiel vernein-

ten sie eine Auferstehung der Toten. Sie arbeiteten mit den Römern zusammen und waren darauf bedacht, durch diese Zusammenarbeit für sich und das Volk Vorteile herauszuholen.

- *Die Gruppe der Essener* war ganz anders. Sie zogen sich aus dem gesellschaftlichen und politischen Leben zurück, um in der Wüste in einer Art Mönchsgemeinschaft eine neue reine Gesellschaftsordnung zu leben und den Messias zu erwarten. Dieser würde in ihrem Kreis die Königsherrschaft Jahwes aufrichten. Man nimmt an, dass Johannes der Täufer aus ihren Kreisen stammte.

Diese vier Gruppen mit ihren unterschiedlichen und gegensätzlichen Erwartungen zeigen etwas von der gespannten Atmosphäre, in der Jesus aufwuchs.

Die Art und Weise, wie Jesus die Königsherrschaft, das Reich Gottes und sich selbst als Christus (= Gesalbter, Messias) verstand, entsprach keiner der genannten Vorstellungen. Für die Zeloten war seine Ablehnung der Gewalt störend; für die Pharisäer ging er mit den Gesetzen zu frei und unkompliziert um; für die Sadduzäer gab er sich zuviel mit dem einfache Volk und deren Gedanken ab; den Essenern war seine Begegnung mit den Unreinen und Heiden ein Dorn im Auge.

Deshalb war Jesus nicht darauf bedacht, seine «Messianität» öffentlich bekannt zu machen. Er wäre nur missverstanden worden und hätte sich noch mehr gegen die vereinnahmenden Tendenzen der einzelnen Gruppen wehren und abgrenzen müssen. Wer ihn als Messias erkannte, in dem war innerlich etwas geschehen.

Nicht die Wunder machen Jesus zum Messias, sondern dass wir durch Jesus das Heilshandeln Gottes erkennen und zum Lob Gottes, unseres Vaters im Himmel, befreit werden.

4. Treffen: Wachsen im Gebet

◆ Das vierte Treffen will uns dahin führen, dass Beten nicht etwas für besonders Fromme ist, sondern dass Beten eine Grundhaltung des Gläubigen ist.

Beten heisst, sich für die Gemeinschaft mit Gott öffnen und vor ihm da zu sein – redend oder schweigend.

Eröffnung: Dank und Lobpreis 15 Min.

◆ Wir lesen zunächst still diese Vorbemerkung durch:

❖ Wir haben letztes Mal die Wiederholungen der Psalmworte in der «Danke-Du-Form» kennengelernt. Neu kommt heute dazu, dass wir Gott mit einem Namen ansprechen. Jesus, Vater, Herr, ... Die Vielfalt und Unterschiedlichkeit darf sein. Wir beten z. B. «Danke Jesus, du vollbringst Taten des Heiles.»

◆ Wir beginnen wie immer mit 1–2 Liedern.

◆ Wer betet das Psalmgebet (Ps 103) vor?

❖ *Lobe den Herrn, meine Seele, **
und alles in mir seinen heiligen Namen!
*Lobe den Herrn, meine Seele, **
und vergiss nicht, was er dir Gutes getan hat:
*der dir all deine Schuld vergibt **
und all deine Gebrechen heilt,
*der dein Leben vor dem Untergang rettet **
und dich mit Huld und Erbarmen krönt,
*der dich dein Leben lang mit seinen Gaben sättigt; **
wie dem Adler wird dir die Jugend erneuert.
*Der Herr vollbringt Taten des Heiles, **
Recht verschafft er allen Bedrängten.
*Er hat Mose seine Wege kundgetan, **
den Kindern Israels seine Werke.

*Der Herr ist barmherzig und gnädig, **
langmütig und reich an Güte.
*Er wird nicht immer zürnen, **
nicht ewig im Groll verharren.
*Er handelt an uns nicht nach unsern Sünden **
und vergilt uns nicht nach unsrer Schuld.
*Denn so hoch der Himmel über der Erde ist, **
so hoch ist seine Huld über denen, die ihn fürchten.
*So weit der Aufgang entfernt ist vom Untergang, **
so weit entfernt er die Schuld von uns.
*Wie ein Vater sich seiner Kinder erbarmt, **
so erbarmt sich der Herr über alle, die ihn fürchten.

◆ Wir wiederholen Sätze aus dem Psalm in «Danke-Du-Form», mit einem Dank und reden Gott mit «Namen» an (Vater, Jesus, Hl. Geist, Herr, mein Freund, Meister, ...).

❖ Wir probieren und beten ...

◆ *Ehre sei dem Vater ...* und Lied

Leben teilen 20 Min.

(*Hinweis fürs Leitungsteam:* Falls ein bisheriges Gruppenmitglied den Weg nicht mehr weitergeht, oder neue Gruppenzusammensetzungen entstanden sind, kann eine kurze Vorstellungsrunde sinnvoll sein oder die Frage, was das Fehlen eines bisherigen Gruppenmitgliedes bei uns auslöst.)

◆ Als Hilfe zum Austausch drei Fragen:

1. Wie ist es mir mit dem Gebet ergangen?
2. Ist bei mir etwas geschehen, das ich dem Gebet zuschreibe?
3. Was war für mich am WeG-Gemeinschaftstreffen wertvoll?

◆ Wer beginnt mit dem Erzählen?

Bibel teilen 45 Min.

◆ Wir wollen nun kurz innehalten und uns bewusst werden, dass Jesus in seinem Wort unter uns gegenwärtig ist. Für die nächsten drei Treffen schlagen wir ein neues Lied von W. Gschwandtner [2] vor. Es kann aber auch der bisherige Kanon gesungen werden:

Refr.: *Vater, ich will dich preisen, denn dein Wort ist wunderbar. Vater ich will dich preisen, denn dein Wort ist wunderbar und vollkommen.*
1. Jeden Morgen staun ich neu, was dein Wort enthält. (2 x)
2. Ja, in Zeit und Ewigkeit, hat dein Wort Bestand. (2 x)
3. Komm zu Jesus, denn er schenkt neues Leben dir. (2 x)

❖ Wir singen das neue Lied.

◆ Wir sind bis heute schon einige Schritte beim «Beten-lernen» gegangen. Heute wollen wir das Thema Beten vertiefen. Beten ist Gemeinschaft mit Gott zu haben, eine lebendige Beziehung zu leben. Das kann sich schweigend oder sprechend vollziehen. Aber was soll im Gebet zur Sprache kommen? Was soll man beten? Welchen Inhalt soll das Gebet haben? Dazu hilft uns die folgende Bibelstelle:

❖ Wir lesen den Text: **Apostelgeschichte 4, 23–31**

❖ Wir wiederholen einzelne Worte oder Sätze.

❖ Wir lassen Jesus in der Stille zu uns sprechen. (3 Minuten)

Für eigene Notizen:

[2] Noten sind zu finden in «Dir singen wir 2». Bezug: Versandbuchhandlung Immanuel, Aachweg 12, CH-9323 Steinach.

◆ Wir teilen einander mit, was wir in unseren Herzen vernommen haben.

❖ Wir tauschen uns aus.

◆ Im weiteren Gespräch suchen wir miteinander Antworten auf die folgenden Fragen. Wir gehen dabei Frage für Frage durch:

❖ Was tragen diese Christen im Gebet vor Gott? Was ist das Anliegen ihres Gebetes?

❖ Sie erhoben *«einmütig»* ihre Stimme zu Gott. Welchen Unterschied gibt es zwischen *«einmütig»* und «einstimmig»?

❖ Wir kennen persönliche Anliegen und gemeinsame Anliegen. In unserer Bibelstelle geht es um gemeinsame Anliegen. Wir fragen: Welche gemeinsamen Anliegen hat unsere Gruppe, oder die Pfarrgemeinde, zu der wir gehören, oder gar unsere Kirche. Haben wir solche gemeinsamen Anliegen? Wie können wir sie vor Gott aussprechen? Vielleicht heute Abend schon!

❖ Welchen inneren Aufbau können wir in diesem Gebet erkennen und wie könnten wir ihn praktisch umsetzen? (Lobpreisende Erinnerung an früheres Handeln Gottes und an frühere Verheissungen Gottes, *Nennung* der aktuellen Probleme, *konkrete Bitte*).

Ins Leben bringen 3–5 Min.

◆ Wir notieren, was uns persönlich angesprochen hat und wir in den Alltag mitnehmen möchten.

___

___

___

___

Gebet und Fürbitte 10 Min.

❖ Wir singen ein Lied und werden still.

◆ Als Gebet wollen wir eine «Dankkette» knüpfen. Jemand nennt einen Grund zum Danken und alle antworten mit «... danken wir dir!» Beispiele:

Eine: «Für unsere Gespräche»
❖ «Danken wir dir!»

Ein anderer: «Für unsere Gruppe»
❖ «Danken wir dir!»

«Dafür, dass du einen neuen Weg mit uns gehst.»
❖ «Danken wir dir!»

«Für meine Arbeitskolleginnen»
❖ «Danken wir dir!»

◆ Lasst es uns probieren:

◆ Wir schliessen uns in Zweier-Gruppen zusammen und nennen einander unsere Anliegen und beten anschliessend still gegenseitig für die Anliegen des Anderen.

◆ «Vater unser» und Schlusslied.

Hinweise für zuhause 5 Min.

◆ Es bleiben noch die Hinweise für zuhause, die wir noch persönlich durchlesen wollen:

❖ Eine einfache Einübung, um in den Austausch mit Gott zu kommen, kann folgende Übung sein: Das, was mir den Tag über begegnet, bringe ich vor Gott, indem ich einfach zu ihm sage: «Jesus, schau dir das mal an.»

- Die Suppe kocht über - «Jesus, schau dir das mal an.»
- Die Sonne strahlt - «Jesus, schau dir das mal an.»
- Die Kinder streiten - «Jesus, schau dir das mal an.»
- Ein Mensch macht mir Freude - «Jesus, schau dir das mal an.»

- Anregung: Wir telefonieren dem Gruppenmitglied, mit dem wir in der Zweier-Gruppe beisammen waren.
- Wir lesen die neuen Kontexte.
- Folgende Bibelstellen helfen uns weiter auf dem Weg der Einübung ins Beten:

1 Samuel 1,1–20	2 Könige 19,14–19
Galaterbrief 4,1–7	Jona 2,1–11
Lukasevangelium 11,1–13	Römerbrief 8,18–30
Lukasevangelium 22,39–46	

Gemütlicher Ausklang

Weiterführende Aspekte

1. Freies Beten in der Gruppe

Mit Beten verbinden manche oft vorformulierte Gebete z.B. das «Vater unser», den Rosenkranz, Psalmen, Andachten, Litaneien oder andere «feste» Gebete.

Der Form des «Freien Betens» begegnen wir seltener – vielleicht im freien Fürbittgebet oder in einem Stossgebet, wenn man Gott für seine Hilfe in einer schwierigen Situation danken will. Voreinander frei zu beten fällt meist schwerer, weil es nicht eingeübt ist. Genauso wie wir uns in einer Beziehung erst daran gewöhnen müssen, über unsere Gefühle zu reden, so müssen wir auch im Gebet lernen, mit Gott über die persönlichen Sorgen und Wünsche zu reden.

Es gibt Gruppenmitglieder, denen es grosse Schwierigkeiten bereitet, etwas frei zu sagen, oder gar frei zu beten. Wolfgang Raupp veröffentlichte einen Briefauszug, der einen Einblick gibt, was im Innern eines solches Menschen vorgeht. Dieser Briefauszug will helfen, damit wir uns in der Gruppe nicht überfordern.

«Lieber Wolfgang

auf Deine Frage, was mich daran hindert, in der Gruppe laut zu beten, möchte ich Dir antworten. Mein Gehemmtsein hat natürlich in erster Linie mit mir selbst zu tun: Ich kann nicht 'auf Befehl' beten. Ich muss dazu in der Lage sein, bereit sein, es wollen. Aber selbst dann, wenn ich beten will, kann es passieren, dass ich mich nicht konzentrieren kann. Ich quäle mich mit der Formulierung meines Anliegens und habe Herzklopfen. Es überfällt mich eine Unruhe, die verhindert, dass ich dem, der gerade betet, zuhören kann. Ich möchte auch meinen Dank und meine Sorgen sagen, und zwar so, dass es auch die anderen verstehen.

Und damit bin ich bei Punkt 2, nämlich bei den Menschen, die zu diesem Zeitpunkt mit mir zusammen sind. Möchte ich wirklich, dass sie alle hören, was mich bewegt? Kann ich ihnen vertrauen? Ist jemand dabei, der total zu ist, der mich blockiert?

Beten heisst für mich offen sein, etwas von meinem Inneren nach aussen geben, ein Stück von mir ausliefern. Laut beten ist mehr als nur vor Menschen reden; es bedeutet gleichzeitig, in Verbindung sein mit Gott. Mit dieser Kombination habe ich Probleme.

Ich möchte nun einfach an mir selbst akzeptieren, dass das laut gesprochene, spontane Gebet nicht meine Stärke ist. Ich will mitbeten, mit denen, die auf diesem Gebiet ihre Gaben haben, und mich nicht durch Erwartungen überfordern oder überfordern lassen. Ich wäre froh, wenn mich auch andere so akzeptieren könnten und mich deshalb nicht als 'minderwertig' oder als 'noch nicht so weit' ansehen würde.

Hoffentlich kannst Du, lieber Wolfgang, etwas von dem verstehen, was ich Dir hier zu erklären versuchte.

Es grüsst Dich ganz herzlich

Deine Lena.»

Dazu noch einige Hilfen für «Freies Beten in der Gruppe»:

Diskretion

Voraussetzung für das freie Gebet in der Gruppe ist, dass die Intimität, das Geheimnis jedes Einzelnen gewahrt bleibt. Es muss Bereiche geben, die niemanden etwas angehen. Weiter müssen wir uns auf die Diskretion der anderen verlassen können. Nichts darf nach aussen getragen werden, was in der Gruppe geäussert wurde. Auch nicht: «Hast Du das schon gewusst, dass der Vater von Otto krebskrank ist. Er hat gestern in unserer Bibelgruppe für seinen kranken Vater gebetet?»

Keinerlei Bewertung

Was Gott im Einzelnen wirkt, ist staunenswert. Deshalb darf keine Äusserung bewertet werden. Jede Stellungnahme oder Kommentierung, über den Inhalt eines Gebetes ist zu vermeiden. Auch durch Ergänzungen kann ein Gebetsbeitrag indirekt kommentiert werden, indem signalisiert wird, dass der Betende etwas Wichtiges vergessen hat. Allenfalls soll das Leitungsteam bei wiederkehrenden kritischen Gebetsinhalten alleine mit dem Beter reden und nachfragen, wie das gemeint war.

Stille nach jedem Beitrag

Wir gehen davon aus, dass der Heilige Geist die Einzelnen persönlich führt. Deshalb schlagen wir ein Gebet nicht 'tot', indem ein anderer sofort einen weiteren Beitrag bringt. Wir lassen etwas Stille zwischen den einzelnen Gebeten. Im Inneren können wir zwei bis dreimal wiederholen, was gerade gesagt wurde. Beispiel: «Jesus mir liegt meine kranke Mutter am Herzen.» Nun erspüren wir innerlich, ob unser Gebetsbeitrag passt. Vergleiche als Fortführung: «Und ich danke dir, Jesus, für die gute Note meines Sohnes in Mathematik!» Besser wäre: «... und stärke diejenigen, die sie pflegen.»

Verzicht auf Regieanweisungen

Während des freien Gebetes in der Gruppe verzichten wir auf jegliche direkte oder indirekte Regieanweisung. Wenn wir etwas nicht verstehen, fordern wir während der Gebetszeit nicht zu lauterem Reden auf. Das zerstört den Geist des Gebetes. Beispiel für direkte Regieanweisung: «Wir haben nichts verstanden!» «Für wen hast du gerade gebetet? Deinen Vater oder deine Mutter?» Beispiel für eine indirekte Regieanweisung: «Lieber Gott, ich bitte dich, dass die leisen Beter hier endlich so laut beten, dass es alle hören können!»

Ermutigung

Wir sind uns bewusst, dass wir durch jeden «Beitrag» bereichert werden und der Blick geweitet werden kann. Jeder «Beitrag» ist wichtig.

Die Gruppe ermutigt sich vor oder nach dem Gebet gegenseitig darin, das auszusprechen, was auf der Zunge liegt. Gelungenes Beispiel: «Es tut mir gut, was und wie du betest. Denn ich trage diese Gedanken auch im Herzen. Aber ich hätte mich nicht getraut, sie offen zu sagen. Danke.» Bedenklich: «Lieber Gott ich danke dir, dass unser Max endlich es gewagt hat, frei zu beten. Ermutige ihn, noch mehr zu sagen.»

Vorformulierte Gebete

In einer Gruppe werden nie alle frei beten können! Es empfiehlt sich immer, vorformulierte Gebete (Psalmen, Liedtexte, ...) vorliegen zu haben. Dadurch kommt man denen entgegen, die sich mit dem freien Beten schwer tun. Wer nicht frei beten kann oder mag, wird sich über das vorliegende Gebet beteiligen können und fühlt sich nicht von den anderen, «besseren» Betern abgesondert.

2. Wissenswertes zu Apostelgeschichte 4,28–31

Beten bedeutet, in Gemeinschaft mit Gott zu leben. Liebe ist das tragende Element dieser Gemeinschaft. Sich-Mitteilen und Hören sind zwei Elemente des Betens.

Die Bibel ist voll von Beispielen und Erfahrungen im Gebet. Das Buch der Psalmen umfasst 150 Gebete. Wir haben eine Gebetserfahrung aus der Apostelgeschichte ausgewählt. Bevor wir diesen Text näher betrachten, einige Hinweise zur Apostelgeschichte.

Zur Apostelgeschichte

Lukas hat nach dem Evangelium auch die Apostelgeschichte als Fortsetzung des Wirkens Jesu Christi geschrieben. Darin erzählt er besonders, wie der Heilige Geist, der auferstandene Jesus in der Wirkweise des Geistes, in den Aposteln Petrus, Johannes und Paulus wie auch in Stephanus, Philippus und Barnabas wirkte. In den griechischen Textausgaben trägt darum die Apostelgeschichte den Titel «Taten der Apostel».

Lukas berichtet darin von der Zeit nach Ostern. Er legt dar, wie der Missionsbefehl Jesu (vgl. Lukasevangelium 24,47) ausgeführt wurde. Als «Startschuss» zu diesem Unternehmen wird die Geisttaufe und Pfingsten dargestellt.

Theologisch will Lukas den Leserinnen und Lesern die unersetzbare Rolle des Heiligen Geistes darlegen. Die Zeit der Kirche ist die Zeit des Heiligen Geistes. Der Heilige Geist lenkt und «treibt» das Leben in der Kirche. Dabei löst sich Kirche als Sozialgestalt von Israel, der Welt des Alten (Ersten) Bundes, ab und wird eigenständig.

Mit der Apostelgeschichte gehen aber Gottes Taten nicht zu Ende – im Gegenteil! Gottes Taten gehen weiter bis heute und in unsere Gemeinschaften und unser eigenes Leben hinein. Darin zeigt sich die Autorität der Bibel. Sie liegt nicht so sehr in der genauen Überlieferung der alten Texte, vielmehr beruht sie auf dem lebendigen Jesus Christus, der heute weiter wirkt. Das gibt der Bibel Glaubwürdigkeit. Die Erfahrungen seines Wirkens unter uns bestätigen die lebendige Kraft des Wortes und Geistes Jesu. Sein Wirken unter uns bezeugt, dass die Bibel wahr ist. Sie offenbart das Geheimnis: *«Christus ist unter euch, er ist die Hoffnung auf Herrlichkeit»* (Kolosserbrief 1,27).

Zur Situation

In der Kraft Jesu Christi haben Petrus und Johannes einen von Geburt an gelähmten Mann (Apostelgeschichte 3,1–10) geheilt. Das gibt Petrus die Möglichkeit, das Evangelium zu verkünden (Apostelgeschichte 3,11–26). Dies können die Gegner Jesu nicht akzeptieren. Sie nehmen die Apostel fest und verhören sie. Offensichtlich ratlos über das, was hier vorgeht, verbieten die Machthaber bei Androhung von weiteren Strafen die Verkündigung und das Wirken im Namen Jesu.

Nach der Sicht Gottes fragen

Wie handeln die Jünger? Sie gehen *«zu den Ihren und berichten alles»*. Das zeigt, dass die Jünger in einer Gemeinschaft leben, die sie in ihrem Dienst stärkt. Dort sprechen sie sich aus. Mit ihren Gedanken und Überlegungen gehen sie dann «vor Gott» und fragen ihn: Was geht hier vor? Gott, wie sieht das von dir her aus?

«Einmütig», das heisst alle zusammen und innerlich übereinstimmend, erinnern sie sich zunächst daran, was Gott Grosses geschaffen hat: Himmel und Erde, alles kommt aus seiner Hand. Deshalb fühlen sie sich geborgen und aufgehoben.

Dann erinnern sich seiner Worte in der Bibel und beginnen, den Psalm 2 zu beten:

«Warum toben die Völker, warum machen die Nationen vergebliche Pläne? Die Könige der Erde stehen auf, die Grossen haben sich verbündet gegen den Herrn und seinen Gesalbten. Doch er, der im Himmel thront, lacht, der Herr verspottet sie» (Psalm 2,1–4). Dieses Wort Gottes aus dem Psalm entspricht ihrer Situation. Sie erkennen in dieser Übereinstimmung zwischen ihrer Situation und dem Psalmwort die Führung durch den Heiligen Geist: Wie damals, so baut Gott in seiner Weisheit auch jetzt den Widerstand gegen das

Evangelium in seinen Heilsplan ein. Gott wird sich auch jetzt als der Überlegene erweisen. Diese Erkenntnis gibt den Jüngern die Möglichkeit zu einem neuen mutigen Beten: Kein Rückzug, sondern: Jetzt erst recht!

Ihr Gebet kreist nun nicht mehr um ihre Not und ihre Gefahr oder darum, dass Gott die Feinde wegnehmen soll. Die Jünger beten vielmehr um die Befreiung von Zaghaftigkeit und Zaudern, damit sie noch mutiger das Wort verkünden. *«Doch jetzt, Herr, ... gib deinen Knechten die Kraft, mit allem Freimut dein Wort zu verkünden.»*

Gott etwas zutrauen

Das Gebet dieser Christen geht dahin, dass Gott jetzt erst recht seine machtvolle Hand ausstrecke und Zeichen und Wunder geschehen lasse. Solch kühnes Beten, das ganz darauf zielt, dass Gottes Reich sich manifestiere in Zeichen und Wundern, solches Beten, das ganz auf die Verherrlichung Gottes ausgerichtet ist und in dem die Jünger bereit sind, Leid und Verfolgung auf sich zu nehmen, solches Beten wird von Gott gesegnet: *«Alle wurden mit dem Heiligen Geist erfüllt.»* Wie am Pfingsttag, so schenkt Gott eine neue Erfüllung mit Heiligem Geist. Jeder von ihnen spürte anscheinend Gottes Nähe so intensiv, als ob der ganze Ort «bebte». Ihnen wird eine innere Sicherheit der Gegenwart Gottes geschenkt. Die Folge davon: Trotz Einschüchterung, trotz Drohungen mit Strafe *«verkündeten sie freimütig das Wort Gottes»*.

Zum Weiterdenken

- Beim eigenen Beten und in der Gruppe: Stehen die eigenen Nöte und Sorgen im Zentrum oder die Bitte: *«Dein Reich komme»*?
- Wir können suchen, ob wir das, was wir erlebten, in Geschichten und Erfahrungen der Bibel wiederfinden. Daraus kann die Gebetsbitte werden: «So wie du, Gott, damals gehandelt hast, so handle auch heute an uns?»
- Die Jünger damals beteten *«einmütig»* miteinander, das meint: Sie stimmten inhaltlich überein, weil sie alle das gleiche Anliegen vor Gott hatten. Kennen wir solche einmütigen Erfahrungen aus unserer Gruppe? Wie könnten wir solche einmütigen Haltungen einüben?

– Wo lasse ich mich von anderen einschüchtern? Was hilft, Angst und Schüchternheit zu überwinden?

3. Einheitliches und Verschiedenes der Bibelausgaben

Eine Vielfalt – meist unbekannter – Autoren haben an der Redaktion, an der Überarbeitung und der Aktualisierung der biblischen Texte mitgewirkt. Keiner der Verfasser dachte daran, die Bibel zu schreiben. Nach und nach wurden die Schriften des Alten (Ersten) und des Neuen Testamentes zusammengetragen. Die so entstandene Bibel ist ein vielfältiges Buch.

Einheitlich

Einheitlich ist die Reihenfolge der 73 Bücher und ihre Aufgliederung, was eine rasche und sichere Orientierung ermöglicht. Sämtliche Bibelausgaben enthalten das gleiche Orientierungssystem. Der Text ist gegliedert in Kapitel und Verse. «15,1–3» meint vom 15. Kapitel die Verse 1 bis 3. Um die Bibel besser zu verstehen, ist es nützlich, die am Anfang der 73 Bücher gegebene Einleitung sowie die Fussnoten auf jeder Textseite zu beachten.

Jede Bibelausgabe enthält vorne ein detailliertes Inhaltsverzeichnis mit der Grosseinteilung aller alt- (erst-) und neutestamentlichen Bücher und der Unterteilung in Buch-Gruppen mit den ihnen zugeordneten Büchern. Am Schluss der Buchausgabe gibt ein Anhang nähere Auskunft über Namen, Abkürzungen, Begriffe, Stichworte, Masse, Gewichte, Kalender, Geschichtsüberblick und geografische Karten. Es lohnt sich, einmal zu schauen, was in der Bibel alles auch noch zu finden ist. Eine wertvolle Hilfe zum raschen Nachschlagen in der Bibel ist ein Bibel-Register, das zusätzlich aussen an den Buchseiten angeklebt werden kann.

Einheitsübersetzung

Wer eine christliche Buchhandlung betritt, sieht sich auf einmal einer Vielzahl von Bibeln gegenüber: Lutherbibel, Zürcherbibel, Gute Nachricht, Einheitsübersetzung und andere mehr.

Wir verwenden in diesen Unterlagen den Text der Einheitsübersetzung. Der Name kommt daher, weil Psalmen und Neues Testament einen gemeinsamen ökumenischen Text beinhalten, der von der Katholischen Kirche und der Evangelischen Kirche Deutschlands gemeinsam erarbeitet wurde. Diese Textfassung ist in die liturgischen Bücher eingegangen und wird so (normalerweise) im Gottesdienst vorgelesen.

Kursiv (schräg) Gedrucktes im Text des Neuen (Zweiten) Testamentes weist darauf hin, dass es sich hier um ein Zitat aus dem Alten (Ersten) Testament handelt. Diese Zitate sowie Paralleltexte und weitere ähnliche Stellen sind im Anschluss an jede Texteinheit in kleiner Schrift angegeben. Auf jeder Seite finden sich unten Anmerkungen zum besseren Verständnis der einzelnen Verse.

Unterschiedliche Bibelausgaben

Katholische und evangelische Bibelausgaben unterscheiden sich meist in der Anzahl der Bücher des Alten (Ersten) Testamentes. Inhaltlich geht es um folgende Bücher: Tobias, Judit, 1. Makkabäer, 2. Makkabäer, Weisheit Salomos, Weisheit Sirach und Baruch. Diese Bücher wurden in der Zeit von 400 v. Chr. bis zur Geburt Christi in griechischer Sprache geschrieben, im Unterschied zu den anderen Büchern, die vor 400 v. Chr. in Hebräisch geschrieben wurden.

Von der röm.-katholischen und der orthodoxen Kirche werden alle – die hebräisch und griechisch geschriebenen Bücher – ganz zur Bibel gezählt. Viele evangelische Kirchen nehmen die in Griechisch geschriebenen Bücher aber nicht in die Bibel auf oder nur unter der Bezeichnung «apokryphe» (gr. verborgene) Bücher oder unter der Bezeichnung «Spätschriften». Dieser Unterschied der Anzahl der inspirierten Bücher des Alten (Ersten) Testamentes bei den Christen hat den Ursprung in der Reformationszeit des 16. Jahrhunderts. Die reformatorischen Übersetzer anerkannten nur die in Hebräisch geschriebenen Bücher des Alten (Ersten) Testaments als Wort Gottes. So kam es zu verschiedenen Bibelausgaben.

5. Treffen: Die persönliche Gottesbeziehung pflegen

Eröffnung: Dank und Lobpreis 15 Min.

◆ Unser fünftes Treffen beschäftigt sich mit der persönlichen Gottesbeziehung. Wir wollen Hilfestellungen kennen lernen, wie wir unsere persönliche Gottes- und Jesusbeziehung pflegen und intensivieren können. Deshalb wollen wir lernen, in der Stille auf Gott zu hören und die Zweisamkeit mit ihm zu suchen.

✣ Lied

◆ Wir werden still und öffnen uns bewusst der Gegenwart Jesu.

✣ Kurze Stille

◆ Wir beten den Psalm 100. Dabei greifen wir einzelne Verse heraus, nennen Gott beim Namen, formulieren in der «Danke-Du-Form» und fügen eigene Gedanken hinzu.

✣ *Jauchzt vor dem Herrn! alle Länder der Erde! Dient dem Herrn mit Freude!**
Kommt vor sein Antlitz mit Jubel!
*Erkennt: Der Herr allein ist Gott. Er hat uns geschaffen, wir sind sein Eigentum,**
sein Volk und die Herde seiner Weide.
*Tretet mit Dank durch seine Tore ein! Kommt mit Lobgesang in die Vorhöfe seines Tempels!**
Dankt ihm, preist seinen Namen!
*Denn der Herr ist gütig, ewig währt seine Huld,**
von Geschlecht zu Geschlecht seine Treue.

✣ Jeder betet auf seine eigene Weise.

◆ *Ehre sei dem Vater ...*

Leben teilen 20 Min.

◆ Das letzte Treffen war dem Thema «Wachsen im Gebet» gewidmet. Wir wollen heute einander unsere Erfahrungen mit dem Beten erzählen. Dabei ist auch von den Krisen und Misserfolgen zu sprechen, denn aus ihnen kann man viel lernen. Wenn jemand von einer schwierigen Situation erzählt, wollen wir sie stehen lassen und einander nicht mit gut gemeinten Ratschlägen überfallen – ausser der Erzählende bittet darum.

Als Einstiegshilfe zum Gespräch lesen wir zunächst folgende Fragen durch:

❖ Welches sind meine bisherigen Erfahrungen, mit Gott ins Gespräch zu kommen, also mit dem Beten?
Wie hilfreich sind mir gemeinsame Zeiten des Gebetes?
Über welche misslungenen Beispiele oder welche gelungenen Erfahrungen kann ich berichten?
Wie bete ich? Habe ich unterschiedliche Gebetsarten?
Meine Orte des Gebetes?

◆ Wer möchte zu erzählen beginnen?

❖ Wir erzählen...

◆ Gibt es sonst noch Wichtiges seit unserem letzten Treffen, was alle angeht?

Bibel teilen 45 Min.

◆ Wir wollen nun kurz innehalten und uns bewusst werden, dass Jesus in seinem Wort unter uns gegenwärtig ist. Wir schlagen das Lied von W. Gschwandtner vor. Es kann aber auch der bisherige Kanon gesungen werden:

Refr.: *Vater, ich will dich preisen, denn dein Wort ist wunderbar. Vater ich will dich preisen, denn dein Wort ist wunderbar und vollkommen.*
1. Jeden Morgen staun ich neu, was dein Wort enthält. (2 x)
2. Ja, in Zeit und Ewigkeit, hat dein Wort Bestand. (2 x)
3. Komm zu Jesus, denn er schenkt neues Leben dir. (2 x)

◆ Die heutige Textstelle stellt uns Maria, die Schwester des Lazarus, vor Augen. Sie sitzt zu Füssen Jesu und hört ihm zu. Wenn wir die Bibelstelle jetzt lesen, können wir dies innerlich in derselben Körperhaltung wie Maria tun. Wir sitzen vor Jesus und hören ihm zu.

✣ Wir lesen den Text: **Lukasevangelium 10,38–42**.

✣ Wir wiederholen einzelne Worte oder Sätze.

◆ Wenn wir Jesus in der Stille zu uns sprechen lassen, wollen wir uns in die innere Haltung wie Maria begeben und uns dem Herrn zu Füssen setzen und seinen Worten zuhören. Stellen wir uns bei diesem Hören vor, wie Maria ihre Sinne auf Jesus ausgerichtet hat. Wie sie ihre Augen offen hat, wie sie ihre Ohren auf ihn ausrichtet; wie ihre ganze Körperhaltung sich Jesus zuwendet.

Wir lassen uns heute fünf Minuten für das Hören in Stille. Wer mag, kann etwas notieren.

____

____

____

◆ Wir teilen einander mit, was sich in unserem Innern getan hat.

✣ Wir tauschen aus.

◆ (Wenn genügend Zeit bleibt:) Wir beschäftigen uns mit weiteren Fragen, wobei die eine oder andere eben schon angesprochen wurden. Jedes liest für sich.

✣ Wie habe ich die Stille erlebt – leicht, gefüllt, leer, langweilig, dicht ...?

- Hätte ich gerne noch länger in Stille verharrt?
- Wünsche ich mir künftig mehr Zeit für Stille in der Gruppe?
- Wie gelang mir die Vorstellung, vor Jesus zu sitzen?
- Wie nahe war mir Jesus?
- Was haben seine Worte in mir bewirkt?
- Hat mir die Körperhaltung der Maria geholfen?

◆ Wir wollen uns darüber ausstauchen.

Ein Hinweis für das Leitungsteam: Folgende Erzählung kann zum weiteren Gespräch anregen. Es kann sogar alternativ zu den letztgenannten Fragen benützt werden.

◆ Wir lesen still den Text:

❖ «Ich hatte mich für eine geistliche Woche in ein Kloster zurückgezogen. In der Hauskapelle stand auf einer festen Holzstele das golden geschmückte Schränkchen (lat. Tabernakel), in dem Jesus in der Hostie aufbewahrt wurde. Man konnte jederzeit das kleine Türchen aufmachen und war sich gewiss: Jesus ist mir jetzt ganz nahe. Eines Abends war ich auf meinem Zimmer und las noch in einem Buch. Doch irgendwie flogen meine Augen mehr über die Buchstaben hinweg, als dass mich der Inhalt berührt hätte. Plötzlich war es mir, als ob Jesus zu mir sagte: «Komm doch noch etwas zu mir!» Ich konnte zunächst diese Stimme nicht einordnen. Leicht verstört wandte ich mich wieder meiner Lektüre zu. Aber ich konnte mich nicht mehr auf den Text konzentrieren. So schlug ich das Buch zu und in diesem Augenblick war klar, Jesus ruft mich in die Kapelle. Ich ging dorthin. Es war niemand da. Ich öffnete die Tabernakeltür und setzte mich davor. Jesus war da! Er war einfach da. Anders kann ich es nicht beschreiben. Ich sagte nichts, ich betete nichts, ich sang kein Lied. Ich war einfach da – bei ihm. Als diese angefüllte Zeit zu Ende ging, schloss ich das Türchen und ging wieder auf mein Zimmer: Seitdem waren eineinhalb Stunden vergangen ohne dass ich es gemerkt hätte. Von da an bedeutet für mich die Stille Zeit, dass Jesus seine Zeit mit mir teilen will.»

- Gibt es ähnliche Erfahrungen in unserem Leben?
- Hier lädt Jesus ein zum «Gebet». Sind solche Gebetseinladungen neu für uns?
- Welche Hilfe kann diese Geschichte für unsere persönliche Stille Zeit sein?

◆ Wir tauschen uns aus.

Ins Leben bringen 3–5 Min.

◆ Wie können wir die heutigen Erfahrung für unseren Alltag fruchtbar machen? Welche Folgen könnte es für die Gestaltung einer persönlichen Zeit mit Jesus bei uns zuhause haben? Wir überlegen einen Moment, vielleicht will jemand etwas aufschreiben.

◆ Wer möchte etwas mitteilen?

❖ ...

Gebet und Fürbitte 10 Min.

◆ Still können wir Gott danken für das, was er uns geschenkt hat.

❖ Stilles Gebet

◆ Welches Gruppenmitglied hat ein persönliches Anliegen, für das es von uns konkrete Hilfe oder das gemeinsame Gebet wünscht?

❖ Anliegen nennen
(Das Leitungsteam regt dazu an, wie auf die einzelnen Anliegen eingegangen wird und sagt dies.)

◆ Wir nehmen alle Anliegen mit ins Gebet und beten gemeinsam das «Vater unser».

❖ «Vater unser ...»

◆ Wir singen noch ein Lied.

Hinweise für zuhause 5 Min.

◆ Die Zeit zwischen den Gruppentreffen wollen wir wieder nutzen. Wir lassen einen Moment Zeit, um die Möglichkeiten, die wir haben, zu lesen.

❖ Alle lesen.

- Wir üben uns in die «Stille Zeit» ein. Dazu lesen wir den Kontext «Stille Zeit». Er gibt Hilfestellungen für eine persönliche «Stille Zeit». Die weiteren Kontexte dienen wie gewohnt der Vertiefung.
- Zur Einübung der «Stillen Zeit» kann es auch hilfreich sein, sich gemeinsamen zu zweit oder dritt in einer Kirche zu verabreden.
- Gibt es in der Pfarrgemeinde oder in einem nahe gelegenen geistlichen Zentrum/Bildungshaus/Kloster bereits feste Zeiten für Stilles Gebet?
- Wir könnten uns zuhause bei einer Stillen Zeit doch einmal in der Körperhaltung Marias Jesus zu Füssen setzen.
- Die Bibelstellen für zuhause:

Matthäusevangelium 11,28–30	Lukasevangelium 18,1–8
Matthäusevangelium 6,24–34	Apostelgeschichte 1,12–14
Matthäusevangelium 6,5–13	Kolosserbrief 4,2–6
Lukasevangelium 6,12–16	Philipperbrief 4,6–7

◆ Wer möchte von uns in nächster Zeit ganz konkrete Unterstützung erhalten? In was? Worin?

Gemütlicher Ausklang

Weiterführende Aspekte

1. Die «Stille Zeit»

Beziehung lebt von Begegnung, Gemeinschaft und Gespräch. Was für den zwischenmenschlichen Bereich selbstverständlich ist, gilt in gleicher Weise für die Beziehung zu Gott. Gott hat rund um die Uhr Zeit für uns und so liegt es an uns, unsererseits festzulegen, wann wir uns eine Zeit der Begegnung, Gemeinschaft und des Gesprächs mit Gott einrichten wollen. Eine gut überlegte Entscheidung, eine realistische Wahl der Tages- oder Wochenzeit und ein geeigneter Ort sind erste gute Schritte.

Im Folgenden werden einige Tipps weitergegeben, die helfen können, mit Gott eine gute persönliche Zeit – die sogenannte «Stille Zeit» – zu verbringen.

Das «Haus» des Gebetes

In manchen Orten gibt es Kirchen, die zum Verweilen und stillen Gebet einladen. Ideal ist, wenn wir zuhause eine Art «Gebetsecke» einrichten können, die wir ansprechend gestalten: Eine Jesus-Ikone oder ein Kreuz, die Bibel, eine Kerze, Blumen, eine gute Sitzgelegenheit oder einen kleinen Schemel, ein Heft für Notizen und anderes, was eine gute geistliche Atmosphäre bereitet, ohne abzulenken.

Für einige ist die Körperhaltung in der Zeit der Stille ein wichtiges Element. Im Stehen können wir uns ganz nach Gott ausstrecken. Durch unser Knien können wir unserer Anbetung und der Grösse Gottes Ausdruck verleihen. Sitzen steht für Gastfreundschaft. Im gemütlichen Sessel eingekuschelt können wir uns ganz in den Armen des liebenden Vatergottes geborgen wissen.

Am Beginn kann es hilfreich sein, wenn wir uns vorstellen, Jesus lädt sich jetzt bei uns ein, wie er es oft getan hat: *«Zachäus, komm schnell! Denn ich muss heute in deinem Haus zu Gast sein!»* (Lukasevangelium 19,5).

Möglicher Verlauf einer persönlichen Zeit mit Gott

Wir finden uns am Ort ein, entspannen uns und werden ruhig. Für manche kann es hilfreich sein, die Gedanken und Ereignisse, die unmittelbar hinter uns liegen, aufzuschreiben und sie so «innerlich zu sortieren» und zur Ruhe zu finden.

Wir werden uns der Gegenwart Gottes bewusst. Er ist unser liebender Vater. Er freut sich, dass wir uns diese Zeit nehmen. Mit Gott an der Seite schauen wir unser Leben an und danken für alles, was wir an Gutem erlebt haben, wo wir seine Fürsorge und Liebe erfahren durften. Wenn es uns schlecht geht, dürfen wir auch das zu Gott hintragen. Viele Psalmen beginnen damit, dass der Psalmist Gott sein Leid klagt *«sein Herz vor ihm ausschüttet»* (Psalm 62,9) bevor er wieder in der Lage ist, auch das Gute zu sehen und Gott neu sein Vertrauen auszusprechen.

Unter der Rubrik «Hinweise für zuhause» sind am Ende jedes Treffens Bibelstellen angegeben. Diese (oder andere Texte, z. B. fortlaufend ein Evangelium) schlagen wir auf und lesen sie langsam, eventuell auch laut oder mehrmals.

In der Stille kann der Text gleich einem Regentropfen in uns einsickern. Wir warten darauf, was das Wort Gottes in uns bewirkt. Wir nehmen Bezug zu unserem Leben: Wo finden wir uns im Text wieder? Warum hat uns diese Stelle angesprochen? Was möchte Gott uns durch eines dieser Bibelworte sagen?

Schliesslich reden wir mit Jesus wie mit einem Freund über alles, was uns bewegt. Wir besprechen mit ihm, wie dies in unserem Leben umgesetzt werden könnte. Auch hier kann es hilfreich sein, diese Gedanken aufzuschreiben, um sie später nachlesen zu können.

Abschliessen werden wir die «Stille Zeit» mit einem Dankgebet für das, was uns in dieser Zeit wichtig geworden ist. Hier haben auch Fürbitten Platz für Anliegen, die uns selbst wichtig, oder uns von anderen anvertraut worden sind. Mit dem Segenszeichen oder einem Lied können wir diese «Stille Zeit» abschliessen.

Erfahrungen macht man auf dem Weg

Ein solcher Raster kann uns helfen, der «Stillen Zeit» einen Rahmen zu geben. Im Verlauf des Weges werden wir entdecken, dass der Heilige Geist uns in eine ganz individuell angepasste Weise des Betens einführt. In der «Stillen Zeit» geht es also nicht darum, dass wir etwas für Gott tun. Vielmehr geben wir Gott die Möglichkeit, dass er etwas für uns tun kann. Er will uns inspirieren und führen. Er will uns seine Heilswege zeigen. Er will heilen und trösten. Er will stärken und ermutigen. Unsere Aufgabe ist es, bewusst da zu sein, ohne grsse festgelegte Erwartungen ausser, dass Gott da ist und mit mir in Beziehung treten möchte.

Es geht auch nicht um ein schönes und gelungenes Gebet, das reich an wunderbaren Gedanken und tiefen Gefühlen ist. Wie sich die Eltern beim Sprechen lernen ihres Kindes über jedes Babbeln freuen, so freut sich Gott über unser Gebet, auch wenn es nicht geschliffen ist. Gott sieht das Herz an und er freut sich über jedes unserer Gebete und seien sie noch so unbeholfen.

Manche «Stillen Zeiten» werden wir auch als arm, trocken, zerstreut und kraftlos erleben. Dann ist eben das alles, was wir Gott in diesem Moment bringen können. Wir dürfen gewiss sein, dass er sich auch darüber freut, wenn wir dennoch in Treue an dieser Zeit festhalten. Das wird uns besser gelingen, wenn wir unsere «Stille Zeit» in einem guten Sinn als Gewohnheit in unseren Alltag eingebettet haben. Dann ist es leichter, «dürre Zeiten» zu überstehen, als wenn wir nur hie und da mal ein paar Minuten finden. Wenn diese Zeiten dann enttäuschend sind, ist die Hemmschwelle, wieder einen neuen Anfang zu wagen viel grösser.

Noch ein Letztes: Eine solche «Stille Zeit» hat sich für viele als hilfreich erwiesen, sie ist jedoch kein Muss. Es gibt lebendige und aktive Christen, die zur Stillen Zeit nie einen Zugang gefunden haben und die ihre persönliche Beziehung zu Christus auf andere Art und Weise pflegen und leben.

Wem das kompliziert ist ...

Seit langem wird vom Bauern erzählt, der täglich still vor einem Kreuz in der Kirche zu sehen war. Eines Tages fragte jemand, was er denn die ganze Zeit da mache. Der Bauer antwortete: «Er schaut mich an – ich schaue ihn an.»

2. Wissenswertes zum Lukasevangelium 10,38–42

Im Umgang mit einzelnen Bibelstellen ist es hilfreich, wenn wir bedenken, dass ein einzelner Bibeltext immer auch in einem grösseren Zusammenhang steht. Man nennt das «Kontext». So haben sich beispielsweise die Verfasser der Evangelien überlegt, in welcher Reihenfolge sie einzelne Geschichten aufschreiben wollen. In einer solchen Reihenfolge ist bereits eine Botschaft enthalten.

Kontext

Der Ausgangspunkt für unseren Text liegt in der Frage eines Gesetzeslehrers: *«Meister, was muss ich tun, um das ewige Leben zu gewinnen?»* (Lukasevangelium 10,25). Nach Meinung der Exegeten (Bibelwissenschaftler) gibt der Evangelist Lukas darauf eine doppelte Antwort: Zunächst durch die Erzählung vom Barmherzigen Samariter (Lukasevangelium 10,25–37) und dann von der Aufnahme Jesu bei Marta und Maria. Beide Haltungen zusammen – die des engagierten Samariters und die der hörenden Maria – geben die Antwort. Beide Texte ergänzen sich, wie sich sozial aktives und kontemplativ hörendes Leben ergänzen.

Die freundliche Aufnahme

Jesus war immer auf Gastfreundschaft angewiesen. *«Er schickte Boten vor sich her. Diese kamen in ein samaritisches Dorf und wollten eine Unterkunft für ihn besorgen. Aber man nahm ihn nicht auf, weil er auf dem Weg nach Jerusalem war.»* (Lukasevangelium 9,52–53). Wie anders da das Verhalten von Marta. Sie *«nahm ihn freundlich auf»*. Diese Freundlichkeit der Marta war außerordentlich wohltuend bis in Herz und Seele hinein. Bei ihr konnte er sich wohl fühlen und einfach einmal die Ruhe und Güte des Hauses auskosten. Nach den Entmutigungen und Enttäuschungen von Dorf zu Dorf hat dieses Klima gut getan. Da konnte so vieles vergessen, losgelassen werden. Erst von hier aus kann das Weitere besser eingeordnet werden.

Was kommt zuerst?

In diesem Text geht es nicht um einen Gegensatz von Aktivität und Passivität, von Handeln und Hören. Es geht vielmehr um die richtige Reihenfolge und die Grundhaltung des christlichen Lebens. Marta, die als Hausherrin dargestellt wird, nimmt Jesus *«freundlich auf»*. Auch wir können Jesus als Freund mit Freude aufnehmen und ihn jeden Tag neu in unserem Leben willkommen heißen. Und was kommt nun weiter?

Zwei Möglichkeiten, personifiziert in Marta und Maria, werden aufgezeigt: *«Maria setzte sich dem Herrn zu Füssen und hörte seinen Worten zu.»* Nach jüdisch-rabbinischer Regel wurden nur Männer so von ihren Lehrern unterrichtet. Die Frauen waren von Unterweisungen ausgeschlossen. Wenn Jesus hier Maria unterrichtet, anerkennt er die Frau als gleichwertig.

Während Maria auf den Meister hört, ist *«Marta ... ganz davon in Anspruch genommen, für ihn zu sorgen»*. Sie will ihren Gast gut bewirten und ihm so ihre Liebe zeigen. Sie will etwas für Jesus tun. Als tüchtige Hausfrau macht sie sich gleich an die Arbeit. Und – hat sie nicht Recht, wenn sie dazu die Hilfe ihrer Schwester wünscht, die, wie sie sagt, *«die ganze Arbeit mir überlässt»*?

Doch Jesus sagt: *«Marta, Marta, du machst dir viele Sorgen und Mühen. Aber nur eines ist notwendig ...»* Marta wollte doch nur das Beste. Sie meint es doch nur gut mit Jesus. Warum denn diese zurückweisende Antwort Jesu?

Marta meinte von vornherein, routinemässig zu wissen, was der Gast möchte. Darum fragte sie auch nicht, was er möchte. Sie fragte nicht, was ihm am Herzen liegt. Ohne nach dem Wunsch und der Absicht Jesu zu fragen, tat sie das für ihn, von dem sie meinte, dass es für Jesus gut sein müsste. Aber wie so oft: das Gegenteil von «gut» ist «gut gemeint».

Ein Beispiel: «Zur goldenen Hochzeit meiner Eltern kamen viele Gäste. Wir Kinder sorgten uns um das leibliche Wohl der Gäste, so dass die Eltern sich mit ihnen unterhalten konnten. Trotzdem war die Mutter immer wieder in der Küche zu finden. Bis ein Gast sagte: 'Anna setz dich und bleib jetzt bei uns, sonst bin ich ja umsonst gekommen. Deine Kinder regeln das andere schon.'»

Der springende Punkt

Das ist der springende Punkt. Jesus möchte nicht, dass wir sofort nach unseren gut gemeinten Vorstellungen handeln. Er möchte, dass wir zuerst auf ihn hören: Wie siehst du das? Was möchtest du, dass ich tun soll?

Jesus korrigiert Marta liebevoll. Denn er will sie vor vielen unnötigen *«Sorgen und Mühen»* bewahren. Er will ihr Leben leichter machen. Doch dazu muss sie lernen, ihre gut gemeinten Auffassungen, Vorstellungen, Überzeugungen und Gewohnheiten loszulassen. Sie muss lernen, zuerst auf Jesus zu hören, um seine Wünsche zu erfahren, um zu hören, was ihm am Herzen liegt. Solche Neuorientierung kann mit innerem Schmerz verbunden sein. Zuerst die Gemeinschaft mit Jesus und das Hören auf ihn, dann kommt der Dienst. Das wird aber letztlich entlasten und befreien.

Zum Nachdenken

- Was schätzt Jesus an Marta?
- Was möchte Jesus Marta zu verstehen geben und lehren? Habe ich schon ähnliche Korrekturen erhalten? Wie reagiere ich auf gutgemeinte und liebevolle Korrektur?
- Warum hat Maria den besseren Teil erwählt?
- Was beschäftigt mich im Moment an Sorgen und Ängsten? Wie sieht der Umgang damit aus nach dem Modell von Marta und wie von Maria aus?

3. Das Kleid der Bibel

Obwohl für das Lesen der Bibel keine Gebrauchsanweisung existiert, gibt es dennoch Hilfen zum besseren Verständnis.

Von Menschen geschrieben – vom Geist Gottes inspiriert

Alle Verfasser biblischer Texte sind Menschen, die von ihrem Leben und ihren Erfahrungen mit Gott Zeugnis geben. Sie schreiben keinen objektiv wissenschaftlichen Bericht, sondern bezeugen ihre subjektiven Gotteserfahrungen. Deshalb sind ihre Schriften geprägt von ihrem persönlichen Sprachstil, von der jeweiligen Zeit, der Kultur, dem damaligen Lebensstil, der jeweiligen Gesellschaftsschicht und anderen Faktoren. Die Bibel ist so Gottes Wort in einem menschlichen Kleid.

Da wir heute in einer anderen Kultur leben, können wir den Sinn früherer Texte oftmals nicht ohne weiteres sogleich erkennen. Denn obwohl Kleider Leute machen – wie ein Sprichwort sagt – zählt nicht das Kleid, sondern die Person im Kleid. So gilt es auch, auf die Person im «Kleid der Bibel», auf Gottes Wort im Menschenwort, zu hören.

Das lobt Paulus in Thessalonich. *«Darum danken wir Gott unablässig dafür, dass ihr das Wort Gottes, das ihr durch unsere Verkündigung empfangen habt, nicht als Menschenwort, sondern – was es in Wahrheit ist – als Gottes Wort angenommen habt; und jetzt ist es in euch, den Gläubigen, wirksam.»* (1 Thessalonicherbrief 2,13).

Den Zusammenhang beachten

Die Verfasser der Schriften verfolgen eine Absicht. Deshalb ordnen sie die Texte in der von ihnen gewählten Reihenfolge ein. Erst der ganze Zusammenhang – und in gewissen Fragen das Gesamte der Bibel – kann in bestimmten Themen zur richtigen Aussage führen. Man müsse, so sagen die Bibelwissenschaftler, die biblischen Texte in ihrem Kontext verstehen. Deshalb dürfen nicht ohne weiteres Sätze aus dem Zusammenhang genommen und nach eigenen Vorstellungen neu zusammengesetzt werden. Schnell können dann Worte sinnwidrig, also nicht mehr im Sinn der ursprünglichen Aussage, verwendet werden.

Wer Sätze aus dem Zusammenhang reisst, kann mit der Bibel fast alles beweisen. So steht zum Beispiel in der Bibel: *«Es gibt keinen Gott.»* Das tönt völlig überraschend und befremdend. Nur: der ganze Satz heisst anders, nämlich: *«Die Toren sagen in ihrem Herzen: Es gibt keinen Gott»* (Psalm 53,2).

Berühmt geworden sind die beiden sich widersprechenden Sätze: *«Dann schmieden sie Pflugscharen aus ihren Schwertern und Winzermesser aus ihren Lanzen.»* (Jesaja 2,4) und: *«Schmiedet Schwerter aus euren Pflugscharen und Lanzen aus euren Winzermessern!»* (Joel 4,10).

Noch ein Beispiel: Jesus wurde in der Wüste vom Teufel mit lauter Bibelzitaten versucht. Es waren Worte, die aus dem Zusammenhang gerissen und in einer anderen Situation sinnwidrig eingesetzt wurden. Jesus nennt deshalb den Teufel Diabolos, griechisch für «Durcheinanderwerfer». Er, der Vertuscher und Lügner, missbraucht die Bibel. So kann die Bibel für vieles missbraucht werden. Man kann selbst mit Worten Jesu Menschen entmutigen, in die Enge und Depression treiben und so genau das Gegenteil von dem bewirken, was die Absicht Jesu ist.

Die richtige Brille: Vertrauen oder Misstrauen

Jesus sprach immer von einem guten Gott, der Vater ist und alle Menschen bedingungslos liebt. Die richtige Herzenshaltung darauf ist das Vertrauen eines Kindes, das von der absoluten Güte seines Vaters total überzeugt ist. Dieses Kind weiss: Der Vater will mir mit seinem Wort nur helfen.

Die Herzenshaltung des Vertrauens ist die richtige Brille mit der wie das Wort Gottes lesen können. Wer die Bibel mit der Brille des Vertrauens in die Liebe Gottes liest, weiss: Gott will uns durch sein Wort zum Leben, zur Entfaltung, zur Freude verhelfen. Seine Worte – auch wenn sie uns im Moment streng oder gar hart erscheinen – sind stets Worte, die aus einem liebenden Herzen kommen. Seine Worte wollen zum Wachstum im Guten ermutigen. Sie wollen Hoffnung geben, Leben wecken und Zukunft eröffnen. In dieser Haltung wird ein Mensch in allen Texten der Bibel die Liebe Gottes herausspüren und annehmen.

Wer Misstrauen in seinem Herzen entdeckt, wer in seinem Herzen an der Liebe Gottes zu sich und den Menschen zweifelt, wer Gott gegenüber lieber auf Distanz geht oder in einem vermeintlichen «Sicherheitsabstand» bleiben will, wer also mit der Brille des Misstrauens und der Angst die Bibel liest, der findet in den meisten Texten irgendein «Wenn» oder ein «Aber». Er liest die Bibel nicht mit dem vertrauenden Herzen eines Kindes Gottes, das um die Liebe seines «Abba» weiss und ihm vertraut. Das jedoch wäre die richtige Brille. *«Denn ihr habt nicht einen Geist empfangen, der euch zu Sklaven macht, so dass ihr euch immer noch fürchten müsstet, sondern ihr habt den Geist empfangen, der euch zu Töchtern und Söhnen macht, den Geist, in dem wir rufen: Abba, Vater»* (Römerbrief 8,15).

6. Treffen: Einander Segen sein

Eröffnung: Dank und Lobpreis 15 Min.

◆ Wir wollen heute eine ganz konkrete und heilsame Form des gelebten Glaubens kennen lernen: das gegenseitige Segnen. Segnen heisst, jemand ein gutes Wort von Gott zusagen. Das wollen wir heute lernen und einüben.

◆ Wir beginnen mit einem Lied und der anschliessenden kurzen Stille.

◆ Nach dem gebeteten Psalm können wir mit eigenen Worten sagen, wofür wir den Herrn loben möchten. Dabei kann eine Formulierung oder ein Gedanke des Psalms aufgenommen werden, wie wir es inzwischen bereits etwas gewohnt sind. Wir versuchen eigene kurze Gebete zu formulieren.

Wenn eine Zeit der Stille entsteht, braucht das uns nicht peinlich zu werden. Wir warten dabei nicht, bis jemand anders etwas sagt, sondern ob sich in uns, in unserer Seele ein kurzes Gebet bildet. Das sprechen wir dann mutig laut aus.

◆ Jemand betet den Psalm 96.

✣ *Singet dem Herrn ein neues Lied, **
singt dem Herrn, alle Länder der Erde!
*Singt dem Herrn und preist seinen Namen, **
verkündet sein Heil von Tag zu Tag!
*Erzählt bei den Völkern von seiner Herrlichkeit, **
bei allen Nationen von seinen Wundern!
*Denn gross ist der Herr und hoch zu preisen, **
mehr zu fürchten als alle Götter.
*Alle Götter der Heiden sind nichtig, **
der Herr aber hat den Himmel geschaffen.
*Hoheit und Pracht sind vor seinem Angesicht, **
Macht und Glanz in seinem Heiligtum.

*Bringt dar dem Herrn, ihr Stämme der Völker, **
bringt dar dem Herrn Lob und Ehre!
*Bringt dar dem Herrn die Ehre seines Namens, **
spendet Opfergaben, und tretet ein in sein Heiligtum!
*In heiligem Schmuck werft euch nieder vor dem Herrn, **
erbebt vor ihm, alle Länder der Erde!
*Verkündet bei den Völkern: **
Der Herr ist König.
*Den Erdkreis hat er gegründet, so dass er nicht wankt. **
Er richtet die Nationen so, wie es recht ist.
*Der Himmel freue sich, die Erde frohlocke, **
es brause das Meer und alles, was es erfüllt.
*Es jauchze die Flur und was auf ihr wächst. **
Jubeln sollen alle Bäume des Waldes
*vor dem Herrn, wenn er kommt, **
wenn er kommt, um die Erde zu richten.
*Er richtet den Erdkreis gerecht **
und die Nationen nach seiner Treue.

❖ Ausgehend vom Psalm dürfen alle freie Gebete formulieren.

◆ *«Ehre sei dem Vater ...»* und ein Lied

Leben teilen 20 Min.

◆ Wir teilen einander wieder mit, was sich bei jedem seit dem letzten Treffen ereignet hat. Was ist Besonderes vorgekommen? Was beschäftigt uns gerade? Was können wir einander für Glaubenserfahrungen berichten?

Wie hat uns das Thema des letzten Treffens «Die persönliche Gottesbeziehung pflegen» und die Anregungen dazu weiterbeschäftigt?

❖ Wir erzählen einander.

Bibel teilen 30 Min.

◆ Wir wollen nun kurz innehalten und uns bewusst werden, dass Jesus in seinem Wort unter uns gegenwärtig ist. Wir schlagen das Lied von W. Gschwandtner vor. Es kann aber auch der bisherige Kanon gesungen werden:

> Refr.: *Vater, ich will dich preisen, denn dein Wort ist wunderbar. Vater ich will dich preisen, denn dein Wort ist wunderbar und vollkommen.*
> *1. Jeden Morgen staun ich neu, was dein Wort enthält .(2 x)*
> *2. Ja, in Zeit und Ewigkeit, hat dein Wort Bestand. (2 x)*
> *3. Komm zu Jesus, denn er schenkt neues Leben dir. (2 x)*

◆ Eine Vorbemerkung zur folgenden Stelle. Sie enthält einen Satz, der nicht leicht verständlich ist: *«Die aber, für die das Reich bestimmt war, werden hinausgeworfen in die äusserste Finsternis; dort werden sie heulen und mit den Zähnen knirschen.»* Unsere Bibelerklärung für zuhause beschäftigt sich mit diesem Satz. Bei unserem Bibelteilen wollen wir auf diesen Satz nicht näher eingehen, weil er für den Verlauf der Geschichte nicht wesentlich ist.

✣ Wir lesen den Text: **Matthäusevangelium 8,5–13.**

✣ Wir wiederholen einzelne Worte oder Sätze.

◆ Wir werden drei Minuten still um zu hören. Wer mag, kann etwas notieren.

____

____

____

____

◆ Wir teilen einander mit, was sich in unserem Innern bewegt hat. Allerdings wollen wir uns heute dafür nicht zu viel Zeit gönnen, damit wir zum nächsten Schritt gehen können.

❖ Wir teilen einander unsere inneren Impulse mit.

◆ Für den nächsten Schritt liest jedes für sich den folgenden Text:.

❖ Unser heutiger Text folgt einem bekannten Schema. Deshalb wollen wir ihn bewusst aus der Sicht des kranken Dieners betrachten. Von diesem wurde nur berichtet, dass er gelähmt und mit grossen Schmerzen zu Hause liegt.

1. Schritt: Wir können uns leicht die Situation ausmalen, was der Diener und sein Chef zuhause miteinander gesprochen haben. Schliesslich muss der Hauptmann gesagt haben: «Ich gehe *für dich* zu Jesus!»
2. Schritt: Der Hauptmann macht sich die Krankheit des Dieners zu eigen und trägt seine Bitte zu Jesus. Was sagt der Hauptmann zu Jesus?
3. Schritt: Jesus selbst kommt persönlich gar nicht zum Diener, weil der Hauptmann einen grossen Glauben hat. Was mag wohl der Hauptmann bei seiner Rückkehr zum Diener über Jesus gesagt haben? Und noch wichtiger: Was hat der Hauptmann seinem Diener von Jesus ausrichten lassen?

Wir wollen diese drei Schritte auf uns heute übertragen.

1. Schritt: Jemand leidet Not. Vielleicht hat diese Not ihn sogar gelähmt. Er bittet einen anderen ums Gebet. Der sagt: «Ich bringe deine Not zu Jesus.»
2. Schritt: Er betet zu Jesus. Dann hört er in sich hinein und achtet dabei auf innere Eindrücke. Er wartet auf das, was Jesus ihm für diesen Menschen Gutes ausrichten lässt.
3. Schritt: Was er von Jesus gehört hat, sagt er dem anderen.

Fürbitte heisst, ich trage die Not des anderen vor Gott.

Segnen heisst, ich sage dem anderen etwas Gutes von Gott. Gleich wie wenn eine Mutter ihr Kind segnet, indem sie zu ihm sagt: «Gott segnet dich! – Gott behütet dich!»

◆ Wer ist mit dem Text zurechtgekommen, wer hat welche Schwierigkeiten?

❖ Wir tauschen uns kurz aus.

Ins Leben bringen 30 Min.

◆ Wir wollen, wenn keine Widerstände da sind, in der Gruppe diese Schritte einüben. Wir üben es einfach, so wie auch Jesus gerne mit seinen Jüngern geübt. hat. Jesus hat sicher Freude, jetzt mit uns zu üben?

Wir probieren es einfach:

◆ Wir werden still.

◆ Wir beten zusammen das Gebet, das sich an den Psalm anlehnt:

✣ *«Herr Jesus, wir wollen dich loben und nicht vergessen, was du uns Gutes getan hast: du vergibst unsere Schuld und du heilst unsere Gebrechen, du rettest unser Leben vor dem Untergang, du krönst uns mit Huld und Erbarmen und sättigst uns ein Leben lang mit deinen Gaben, wie dem Adler wird uns unsere Jugend erneuert.*
Ja, Herr, du vollbringst Taten des Heiles.
Lobe den Herrn, meine Seele und vergiss nicht, was er dir Gutes getan hat. Amen.»

◆ Jemand aus der Runde nennt jetzt ein Anliegen. Vielleicht ist es sogar gut, zunächst ein ganz schlichtes Anliegen zu nennen. Wir wollen ja lernen! Derjenige kann etwas so sagen: «Betet bitte für mich zu Jesus um ...» Oder: «Bittet Jesus für mich um ...»

✣ Jemand nennt eine Bitte.

◆ «Jesus du hast N.N. gehört. Sie/er bittet dich um ... Hab Erbarmen mit ihr/ihm und komm ihr/ihm zu Hilfe.»

◆ In der folgenden Stille wollen wir erwartungsvoll in uns hineinhören, ob sich in uns ein kurzer Satz bildet. Das kann ein bekanntes biblisches Wort sein, aus den Psalmen: «Der Herr ist dein Hirt. Fürchte dich nicht.» oder ein Wort, das wir von Jesus selbst kennen: «Fürchte dich nicht.»

Vertrauen wir darauf, dass Jesus sich durch jemand unter uns «bemerkbar» macht.

✣ Wer in sich ein gutes Wort hört, spricht es laut aus.

◆ Nach dem ersten Durchgang können weitere um den Segen bitten.

◆ Zum Schluss beten wir das «Vater unser» und singen noch Lieder.

Hinweise für zuhause 5 Min.

◆ Wenn als nächstes wieder ein Treffen mit allen Gruppen in der WeG-Gemeinschaft ansteht, wollen wir überlegen, was wir als Gruppe beitragen können?

❖ Wir tauschen uns darüber aus.

◆ Wir lassen noch einen Moment Zeit, damit alle Folgendes lesen können.

❖ Die nächsten Bibelstellen helfen uns, unser heutiges Thema zu vertiefen.

Ezechiel 37,1–14	Markusevangelium 10,13–16
Johannesevangelium 11,1–44	Deuteronomium 28,1–14
Numeri 6,22–27	1 Petrusbrief 3,8–12

- Wir klären miteinander, ob es in den kommenden Tagen «natürliche» Termine gibt, an denen wir uns wieder treffen könnten.
- Wir können wiederum die drei weiterführenden Texte durchlesen.

Gemütlicher Ausklang

Weiterführende Aspekte

1. Segen und segnen

«Darum bitte ich dich, für mich zu beten bei Gott, unserem Herrn»

Segen und segnen – dahinter steckt eine brachliegende oder gar vergessene Dimension unseres Glaubens. Leider leben heute wenige Menschen aus dieser heilenden uns stärkenden Dimension. Die biblischen Schriften dagegen sind voll von Segnungserzählungen: Gott segnet den Menschen *«Und Gott segnete sie...»* (Genesis 1,22); Jesus segnet *«Jesus legte ihnen die Hände auf und segnete sie»* (Markus 10,16); und die Menschen segnen *«Dann erhob Aaron seine Hände über das Volk und segnete es»* (Levitikus 9,22). Der Segen gehört in der Heiligen Schrift zum Leben wie das tägliche Brot.

Was ist eigentlich der Sinn einer Segnung? Warum bitte ich um den Segen? Kann ich auch selbst andere segnen?

Oft befinden wir uns in einer Notlage, wenn wir um den Segen für uns persönlich bitten. Ein Problem nimmt uns ganz in Anspruch; wir haben Angst vor dem, was vor uns liegt; unsere Seele ist unruhig. In solchen Situationen fällt es uns schwer, zu beten. Bittgebete, die wir vor Gott hintragen, beruhigen uns dann oft nicht mehr und schenken auch kaum Trost, weil sie ganz von unseren Sorgen durchdrungen sind. Unsere innere Not vergrössert sich eher noch und verschliesst uns in uns selbst. Eine einfühlsame Beterin, ein ruhiger Beter, der an meiner Stelle für mich betet, kann uns hier helfen. Dieses stellvertretende Gebet, bei dem einer für den anderen eintritt, finden wir in vielen biblischen Erzählungen wieder:

- In der Erzählung von der Heilung des Gelähmten im Markusevangelium (2, 1–12) bringen vier Männer einen Gelähmten zu Jesus. Da aber das ganze Haus voll mit Leuten ist, decken sie das Dach ab und lassen den Kranken durch die Öffnung zu Jesus herunter. *«Als er ihren Glauben sah»*, beginnt Jesus, den Gelähmten zu heilen. Der Glaube der vier Männer, die sich so für ihren Kranken einsetzen, hatte Jesus bewegt.

- Bei der Überlieferung von der Heilung der Schwiegermutter des Petrus (Markusevangelium 1,30) sprachen die Jünger mit Jesus über die kranke Schwiegermutter, worauf er sie heilte.
- Auch der Hauptmann von Kafarnaum bittet Jesus, seinen gelähmten Diener zu heilen: *«Sprich nur ein Wort, dann wird mein Diener gesund»* (Matthäusevangelium 8,5–13).

Wenn wir dieser Spur nachgehen, entdecken wir immer wieder den Zusammenhang zwischen der Not des einen und der Bitte des anderen

Sehr deutlich ausgeprägt ist der Zusammenhang von der Not des einen und der Bitte des anderen im Jakobusbrief: *«Ist einer von euch krank? Dann rufe er die Ältesten der Gemeinde zu sich; sie sollen Gebete über ihn sprechen und ihn im Namen des Herrn mit Öl salben. Das gläubige Gebet wird den Kranken retten, und der Herr wird ihn aufrichten»* (Jakobusbrief 5,14–15); und einen Vers weiter sagt Jakobus: *«Betet füreinander, damit ihr geheilt werdet»*.

Dieser Gedanke des «Füreinander Betens» taucht im sogenannten grossen Schuldbekenntnis wieder auf: *«Darum bitte ich die selige Jungfrau Maria, alle Engel und Heiligen und euch, Brüder und Schwestern, für mich zu beten bei Gott, unserem Herrn.»* Hier fordern wir als bekennende Sünder unsere umstehenden Brüder und Schwestern auf, für uns bei Gott zu beten.

Fassen wir diese Beispiele zusammen: Wer in Not gerät, dem fehlt oft das Vertrauen auf Gottes rettendes Handeln. Deshalb tritt ein anderer als Fürbitter für diesen Notleidenden ein. So wie es ein Lied im deutschen Gotteslob (Nr. 620) besingt: *«...der eine lebt vom anderen, für sich kann keiner sein»*.

Bis jetzt war das alles eine Beschreibung für das fürbittende Gebet. Manche fragen sich: Was hat dies mit «Segnen» zu tun?

Segnen heisst im Lateinischen «benedicere – etwas Gutes sagen». Segnen hat also etwas damit zu tun, dass wir einander etwas Gutes von Gott zusagen. Der Heilige Ignatius rät, sich vor dem Beten zuerst der «liebenden Gegenwart Gottes» zu vergewissern. Dies entspricht ganz der Botschaft Jesu im Markusevangelium, dass Gottes Reich nahe ist. Das Fürbittgebet eines anderen bringt den Notleidenden zurück in die liebende Gegenwart Gottes. Er erfährt schon allein dadurch «Segen», also Stärkung, und Trost, dass er weiss: für mich wird gebetet. In dem nun der Beter dies in Worte fasst, segnet er. Etwa wenn er sagt: «Gott ist dir nahe, er bleibt dir zugewandt; seine Gegenwart schenke dir neuen Mut».

Der stellvertretende Beter wird zum Mittler zwischen Gott und dem, der durch die Not von Gott getrennt scheint. Wo er den in Not geratenen Menschen vor Gott trägt, wird er zum Fürbitter. Wo er dem Notleidenden Gottes tröstendes Wort «nahe bringt», ist er ein Segnender. Ein Mensch ist ein Segnender, weil er sich dem anderen in Gottes Namen und Auftrag zuwendet.

Wer schon einmal mit einem anderen für dessen Anliegen gebetet hat, der kennt vielleicht die Erfahrung, dass uns oft während des Gebetes ein Bibelwort oder ein Psalmvers in den Sinn kommt, um es dem anderen weiterzugeben. Zum Beispiel: «Musst du auch wandern in finsterer Schlucht, fürchte kein Unheil. Gott ist bei dir, er ist dir Stock und Stab!» Es ist, als ob sich Gott mit seinen eigenen Worten in Erinnerung ruft und sich uns darin schenkt.

2. Wissenswertes zum Matthäusevangelium 8,5–13

Die Botschaft vom gütigen Vater

Gottes Liebe wirkt auch heute. Diese Erfahrung konnten wir vielleicht auch beim gegenseitigen Segnen machen. Dabei hat uns ein Text aus dem Matthäusevangelium geholfen, dies besser zu verstehen. Betrachten wir den grösseren Zusammenhang, in dem unser Text im Evangelium eingebettet ist, so finden wir ihn im Anschluss an die Bergpredigt.

In der Bergpredigt (Matthäusevangelium, Kapitel 5–7) offenbart Jesus, wer und wie der «himmlische Vater» ist, und wie dieser um das Vertrauen der Menschen ringt.

In den anschliessenden zwei Kapiteln 8 und 9 wird in den Wundertaten Jesu die Heil schaffende Kraft des Vaters offenbar. Mehr noch: Sie zeigen, wie Menschen, die auf Gott vertrauen, heil werden. So bekräftigen die Wundertaten Jesu seine Frohe Botschaft vom gütigen Vater, *«denn er lässt seine Sonne aufgehen über Bösen und Guten, und er lässt regnen über Gerechte und Ungerechte»*. (Matthäusevangelium 5,45).

Diese Zuwendung Gottes zu jedem Menschen, ob Jude oder Heide, ob Grieche oder Römer, spürt der heidnische Hauptmann in unserer Erzählung. Er macht sich die Krankheit seines Dieners zu eigen und trägt in väterlicher Fürsorge die Not – «er hat grosse Schmerzen» – vor Jesus. Er überlässt es Jesus, ob und was er tun will. Jesus will kommen und helfen. Da beginnt das Erstaunliche. Normalerweise wäre jeder froh gewesen, wenn er Jesus zum Mitkommen hätte bewegen können. Der Hauptmann weiss jedoch, dass Jesu, der Jude, nach dem jüdischen Gesetz kein Haus eines Heiden betreten darf, ohne selbst unrein zu werden. Das respektiert er. Und ahnt oder glaubt er bereits, dass Jesus mehr als ein gewöhnlicher Jude ist? Bringt er ihm vielleicht deswegen eine solche Hochachtung entgegen?

Gehorsam einmal anders

Der Hauptmann erinnert sich an die Gepflogenheiten beim Militär. Instruktionen, Anweisungen, Beschlüsse oder gemeinsame Vorgehensweisen kommen nur dann zu den Adressaten, wenn die Überbringer die ganze Nachricht «eins zu eins» überbringen. Für die Richtigkeit und Einsichtigkeit des Befehls ist der Befehlsgeber zuständig, nicht der übermittelnde Bote. «Gehorsam» ist ein entscheidendes Schlüsselwort.

Da der Hauptmann weiss, dass er als Heide keinen Anspruch hat, Jesus in sein Haus zu bitten, fordert er nach gutem militärischen Brauch Jesus auf, ihm das heilsame Wort für den Diener mitzugeben. Er würde dies im Gehorsam dem Diener ausrichten, darauf könne Jesus sich verlassen. Seinen Glauben an die Macht Jesu zeigt er in einem Vergleich. So wie er Befehlsgewalt über seine Untergebenen hat, hat Jesus Befehlsgewalt über die Krankheiten. Dieser vorbildliche Glaube erfährt darauf die Bestätigung: *«Zum Hauptmann sagte Jesus: Geh! Es soll geschehen, wie du geglaubt hast. Und in derselben Stunde wurde der Diener gesund.»*

Der staunende Jesus

Normalerweise staunt das Volk über die Taten und Worte Jesu. Hier jedoch staunt Jesus über den Glauben des Hauptmanns: *«Amen, das sage ich euch: Einen solchen Glauben habe ich in Israel noch bei niemandem gefunden.»* Ein solcher «eins zu eins Glaube», ein solches Vertrauen in die Macht Gottes, die sich in ihm, Jesus, offenbare, sei ihm bei den eigenen Leuten noch nicht begegnet.

Der prophetische Jesus

An sein eigenes Staunen schliesst Jesus noch eine prophetische Mahnung an. *«Ich sage euch: Viele werden von Osten und Westen kommen und mit Abraham, Isaak und Jakob im Himmelreich zu Tisch sitzen; die aber, für die das Reich bestimmt war, werden hinausgeworfen in die äusserste Finsternis; dort werden sie heulen und mit den Zähnen knirschen»* (Matthäusevangelium 8,11–12). Solche Worte Jesu rufen in uns Fragen auf und wir wundern uns über die Härte der Worte, obwohl Jesus an anderer Stelle ganz anders reagieren und sprechen kann.

Mahnende Worte braucht der, der selbstsicher und leichtfertig geworden ist. Im Volk gab es einige die glaubten, dass allein die Tatsache, dass sie zum auserwählten Volk Gottes gehören, ausreiche, um an die Wohltaten Gottes zu kommen. Aber schon bei der Erzählung (beim dritten Gruppentreffen), als Jesus in der Synagoge seiner Heimatstadt Nazaret keine Wunder tun kann, wird deutlich: Es braucht eine innere Bereitschaft, dass Gott an uns handeln kann. Gottes gütiges und heilsschaffendes Handeln ist kein Automatismus, der eintritt, weil wir einer bestimmten Gruppe angehören.

Ein weiteres schwieriges Wort ist, wenn es heisst: *«Sie werden hinausgeworfen.»* Es ist nichts darüber ausgesagt, wer da hinauswirft. Eine Hilfe zum Verständnis gibt uns der Apostel Paulus. Im Römerbrief schreibt er von falschem Leben mancher Menschen, das Gott missfällt. Die Konsequenz für Gott ist, diese Menschen sich selbst zu überlassen. *«Darum lieferte Gott sie durch die Begierden ihres Herzens der Unreinheit aus»* (Römerbrief 1,24). Solche Menschen ziehen sich ihr eigenes Urteil zu.

Was in der Bibel «Strafe» oder «Zorn Gottes» genannt wird, ist meist nichts anders, als dass den Menschen ihre Lage bewusst wird. Dabei meinen sie zunächst noch, sie seien «hinausgeworfen» worden. Doch nicht Gott hat sie hinausgeworfen. Die eigentliche Umkehr beginnt mit der Erkenntnis: «Ich hätte es wissen können, aber ich habe mir das alles selbst eingebrockt.»

Zum Weiterdenken

- Wie sah die Beziehung des Hauptmannes zu seinem Diener aus? Was folgte für ihn daraus? Wohin gehe ich mit der Not mir nahestehender Menschen?
- Worin besteht das Erstaunliche am Glauben des Hauptmannes? Was traut er Jesus zu?
- Was wird der Hauptmann dem Diener bei der Rückkehr gesagt haben?
- *«Es soll geschehen, wie du geglaubt hast.»* Ich kann mir eine oder mehrere konkrete Situationen vorstellen und mich fragen: Was glaube ich, dass Jesus hier tun kann und tun will? Was traue ich Jesus zu?

3. Gott greift ein

Wunder kann man nicht «fotografieren». In diesem Sinn ging es den biblischen Schriftstellern nie darum, in ihren Wunderberichten naturwissenschaftliche Fakten zu ergründen oder den Hergang eines Wunders zu erklären. Wunder wollen mehr. Sie weisen darauf hin, dass es ausser oder besser mitten in der natürlichen Welt die «übernatürliche» Welt Gottes gibt.

Im Dienst der Verkündigung

Jesus wollte durch seine Wundertaten aufzeigen, dass Gottes Liebesherrschaft in unserer Welt angebrochen ist. Die Wunder stehen ganz im Dienst seiner Verkündigung. Sie finden sich auffällig immer am Anfang von neuen Bewegungen: Wunder stehen besonders am Anfang des Wirkens Jesu. Wunder geschehen vorwiegend auch am Anfang der Apostelgeschichte, am Anfang der Kirche. In der ganzen 2000-jährigen Geschichte des Christentums fällt immer wieder auf, dass Wunder die Anfänge neuer Aufbrüche begleiten. Von den meisten grossen Ordensgründern werden Wunder erzählt. Wunder stärken den durch die Verkündigung ausgelösten Glaubensprozess.

Die Wunder im Neuen Testament wollen Glauben an die Botschaft Jesu wecken und Jesus als von Gott gesandten Heilsbringer ausweisen. Die vier Evangelien zeigen dies in unterschiedlichen Nuancen.

Das Johannesevangelium spricht nicht von Wundern, sondern von Zeichen. Johannes nennt sieben (sieben ist die Zahl der Fülle) Zeichen. Die Zeichen wollen vor allem auf Jesus Christus als Ort der Gegenwart Gottes in dieser Welt hinweisen.

Die Botschaft *«Ich bin das Licht der Welt»* (Johannesevangelium 8,12) bekräftigt Jesus, indem er einem Blinden das Augenlicht schenkt (Johannesevangelium 9,1 ff). Die wunderbare Brotvermehrung will die Wahrheit des Wortes Jesu unterstreichen *«Ich bin das Brot des Lebens»* (Johannesevangelium 16,35), und indem Jesus den Lazarus vom Tod erweckte, verstärkte er die Aussage *«Ich bin die Auferstehung und das Leben»* (Johannesevangelium 11,25).

Im Markusevangelium wollen die Wunder die messianische Gottesherrschaft aufleuchten lassen. Bei Matthäus fällt auf, dass die meisten Wunderberichte unmittelbar auf die Bergpredigt folgen. Offensichtlich soll damit die Bergpredigt unterstrichen werden. Im Lukasevangelium zeigt sich Jesus durch seine Wunder als der grosse Wohltäter und Freund der Armen, der Gottes Erbarmen offenbart.

Gottes wunderbares Eingreifen

Der Erzbischof von Canterbury soll auf die Frage, woher er wisse, dass bestimmte Ereignisse Wunder seien und keine Zufälle, geantwortet haben: *«Ob diese Dinge Wunder oder Zufälle sind, weiss ich nicht. Alles, was ich weiss ist, dass es mehr Zufälle gibt, wenn ich bete.»*

In diesem Sinn betont Anthony de Mello, dass es wichtig sei, dass in unserem Leben «Wunder» vorkommen. Wenn wir Gottes wunderbares Eingreifen nicht erleben, kann dies daran liegen, dass wir nicht «gefährlich» genug – lies vertrauensvoll genug – leben, oder dass wir nicht mit wunderbaren Fügungen Gottes rechnen und sie deshalb auch nicht erkennen.

Wunder im biblischen Sinn meint nicht unbedingt ein Geschehen, welches die Naturgesetze durchbricht. Ein biblisches Wunder beruht auf der Überzeugung des Herzens, dass ein Geschehen durch ein Eingreifen Gottes um unseretwillen geschieht. Gott greift ein, um uns seine Liebe zu zeigen. Gott greift aktiv ein, um unseren Glauben zu stärken. So offenbart er sich als unser, ja als mein persönlicher Gott, als Gott, der uns persönlich liebt. Wunder gehören in diesem Sinn zum Glauben an einen persönlichen Gott, der auf unser Beten und unsere Nöte eingeht.

7. Treffen: Leben teilen

◆ Wir sind schon eine ganze Zeit unterwegs. Wir spüren, es tut gut. Uns wird immer deutlicher, dass christlicher Glaube kein «Für-wahr-Halten» ist, sondern vielmehr ein gemeinsames Leben. Dem wollen wir uns heute widmen.

Eröffnung: Dank und Lobpreis 15 Min.

Hinweis fürs Leitungsteam: Als Anregung und Hilfe für den Dank- und Lobpreisteil haben wir bis jetzt immer einen Psalm oder ausgewählte Verse daraus genommen. Wir wollen das auch weiterhin so tun, möchten aber darauf hinweisen, dass auch der Text eines gesungenen Lobliedes uns zum freien Dank- und Lobgebet inspirieren kann.

◆ Wir beginnen mit einem Lied und der anschliessenden kurzen Stille.

◆ Jemand betet den Psalm 98. Anschliessend können wir mit unseren eigenen Worten oder mit den Worten des Psalms den Herrn, loben danken und ihm ein neues Lied singen.

❖ *Singet dem Herrn ein neues Lied; **
denn er hat wunderbare Taten vollbracht.
*Er hat mit seiner Rechten geholfen **
und mit seinem heiligen Arm.
*Der Herr hat sein Heil bekannt gemacht **
und sein gerechtes Wirken enthüllt vor den Augen der Völker.
*Er dachte an seine Huld **
und an seine Treue zum Hause Israel.
*Alle Enden der Erde **
sahen das Heil unsres Gottes.
*Jauchzt vor dem Herrn, alle Länder der Erde, **
freut euch, jubelt und singt!

*Spielt dem Herrn auf der Harfe, **
auf der Harfe zu lautem Gesang!
*Zum Schall der Trompeten und Hörner **
jauchzt vor dem Herrn, dem König!
*Es brause das Meer und alles, was es erfüllt, **
der Erdkreis und seine Bewohner.
*In die Hände klatschen sollen die Ströme, **
die Berge sollen jubeln im Chor
*vor dem Herrn, wenn er kommt, **
um die Erde zu richten.
*Er richtet den Erdkreis gerecht, **
die Nationen so, wie es recht ist.

◆ *Ehre sei dem Vater ...*

Leben teilen 20 Min.

Hinweis für das Leitungsteam: Bis jetzt haben wir bewusst den Austausch in der ganzen Gruppe durchgeführt, damit wir einander gut kennen lernen. Dadurch konnten jedoch die einzelnen Gruppenmitglieder nur wenig sagen. Nun möchten wir als Angebot auf neue Varianten hinwiesen:
- Kleinere Austauschgruppen bilden. Z.B. Zweier- oder Dreierteams (Wahl durch vorbereitete Lose oder Rundnummerierung)
- Bilder oder Worte (z.B. Friede, Hoffnung, Trauer, ...) auslegen mit der Frage: Welches Bild oder Wort entspricht meiner momentanen Situation oder spricht mich an.

◆ Seit unserem letzten Treffen hat sich einiges ereignet:
- Eventuell das zweite WeG-Gemeinschaftstreffen. Wer kann dazu etwas erzählen?
- Am Ende des letzten Treffens haben wir uns gegenseitig gesegnet. Wer möchte dazu etwas sagen?
- Schliesslich ist wichtig, dass wir miteinander teilen, was uns in letzter Zeit sehr beschäftigt hat und mit welchen Gefühlen wir heute gekommen sind.

❖ Wir tauschen uns aus.

Bibel teilen 45 Min.

Hinweis für das Leitungsteam: Bis jetzt haben wir zwei Lieder kennen gelernt, die hier passen. Es sind auch andere Lieder möglich, besonders solche, die den Heiligen Geist einladen.

◆ Wir wollen nun kurz innehalten und uns bewusst werden, dass Jesus in seinem Wort unter uns gegenwärtig ist. Dazu singen wir ein Lied.

◆ Wir lesen zunächst den folgenden einführenden Text.

❖ Der kleine Philemonbrief beruht auf einem ganz persönlichen Anlass. Der Sklave Onesimus war seinem Herrn Philemon entlaufen. Auf seiner Flucht trifft er Paulus, der im Gefängnis sitzt. Die Gefängnisse damals waren keine abgeschlossenen Bezirke, denn die Gefangenen mussten von den Verwandten oder Freunden mit Essen und Kleidung versorgt werden. Durch die Verkündigung des Paulus wird Onesimus Christ. Paulus schickt den Sklaven daraufhin wieder zu Philemon zurück, dessen Haus einer christlichen Gemeinde als Versammlungsort dient. Der Brief soll Philemon bewegen, nicht nur dem Sklaven Onesimus seine Flucht zu verzeihen, sondern ihn auch noch als neuen christlichen Bruder aufzunehmen.

◆ Wir schlagen den **Philemonbrief** auf und lesen den ganzen Text.

❖ Wir wiederholen einzelne Worte oder Sätze.

◆ Drei Minuten wollen wir in Stille hören. Wer mag, kann etwas notieren.

◆ Wir teilen einander mit, was sich in unserem Innern bewegt hat.

◆ Wir beschäftigen uns heute ganz bewusst mit weiteren Fragen. Dazu gehen wir miteinander Frage um Frage durch.

❖ Wir besprechen die Fragen:

1. Paulus schreibt an Philemon «*und an die Gemeinde in deinem Haus*» (V 2). Wie gross konnten solche Gemeinden höchstens werden?
2. Ist unsere Kleingruppe eine «Gemeinde»? – Fühlen wir uns wie eine kleine «Gemeinde»?
3. Wen meint Paulus wohl, wenn er von den «Heiligen» spricht: «*Es hat mir viel Freude und Trost bereitet, dass durch dich, Bruder, und durch deine Liebe die Heiligen ermutigt worden sind*» (V 7).
4. Die «*Heiligen*» werden durch die Liebe des Philemon ermutigt. Wie können wir uns eine solche Ermutigung durch Liebe vorstellen?
5. Was ändert sich durch die Bekehrung des Onesimus im Gefängnis bei Paulus im Verhältnis zwischen Philemon und Onesimus?
6. Welche Beziehung pflegt Paulus zu Philemon?
7. Wie hat sich das Verhältnis unter uns in der Gruppe entwickelt? Würden wir uns als Schwestern und Brüder bezeichnen?
8. Wie können wir unser Leben noch mehr miteinander teilen?

Ins Leben bringen 3–5 Min.

◆ Welchen konkreten Impuls aus dem Wort Gottes erkennen wir als wichtig für das gemeinsame Leben und das Miteinander unter uns Gruppenmitgliedern?
Wie können wir ganz konkret – gerade in der Zeit zwischen unseren Treffen – die Sorge umeinander noch weiter entwickeln? Welche Ideen und Möglichkeiten kommen uns dazu in den Sinn?

❖ Wir denken kurz nach und notieren uns eventuell Ideen.

____

____

◆ Möchte jemand seine Idee mitteilen?

◆ Bevor wir mit einer Zeit des Gebetes schliessen, wollen wir uns überlegen, ob wir Anliegen haben, die wir gemeinsam bittend vor Gott tragen könnten und für die wir gesegnet werden möchten.

Gebet und Fürbitte 10 Min.

Hinweis für das Leitungsteam: Von nun an können wir neue Varianten des Segnens ausprobieren. Das Segnen kann nicht nur in der ganzen Gruppe, sondern auch in kleinen Teams, Zweier- oder Dreierteams praktiziert werden. Es ist gut, zuerst darüber zu reden, ob und wie die Gruppe dies wünscht. Wurden zu Beginn unseres Treffen bereits beim «Leben teilen» kleine Teams gebildet, so beten diese idealerweise im Normalfall auch füreinander.

◆ Zuerst tragen wir die Bitten vor, die wir gemeinsam vor Gott bringen wollen. Anschliessend können wir einander segnen.

❖ Wir bringen unsere Anliegen vor Gott.

❖ Wir beten in kleinen Gruppen füreinander und segnen so einander.

◆ Wir beten gemeinsam das «Vater unser» und singen zum Abschluss.

Hinweise für zuhause 5 Min.

◆ Wir wollen die Zeit zwischen den Treffen nützen.
Welches Gruppenmitglied wünscht von uns in nächster Zeit ganz konkrete Unterstützung? Worin?

❖ Mit den folgenden Bibelstellen können wir leicht das Thema «Leben teilen» weiter vertiefen:

Philipperbrief 4,10–20	Philipperbrief 1,27–2,11
Apostelgeschichte 4,32–37	Johannesevangelium 17,20–26
Markusevangelium 1,29–31	Galaterbrief 5, 13–26
Matthäusevangelium 14,13–21	

Gemütlicher Ausklang

Weiterführende Aspekte

1. Leben teilen

Für die Christen der «ersten Stunde» war es selbstverständlich, dass ihre Christusnachfolge sich im Alltagsleben auswirkte. Am deutlichsten ersichtlich sind diese Auswirkungen in den gelebten Beziehungen. Als klassisches Beispiel wird gerne folgender Schrifttext aus der Apostelgeschichte zitiert: «*Und alle, die gläubig geworden waren, bildeten eine Gemeinschaft und hatten alles gemeinsam. Sie verkauften Hab und Gut und gaben davon allen, jedem so viel, wie er nötig hatte. Tag für Tag verharrten sie einmütig im Tempel, brachen in ihren Häusern das Brot und hielten miteinander Mahl in Freude und Einfalt des Herzens. Sie lobten Gott und waren beim ganzen Volk beliebt. Und der Herr fügte täglich ihrer Gemeinschaft die hinzu, die gerettet werden sollten*» (Apostelgeschichte 2,44–47).

Uns Christen in Westeuropa kann dieser Text etwas befremden, denn für vieles, wofür die Menschen in der damaligen Zeit selbst verantwortlich waren, haben wir diese Verantwortung dem Staat abgegeben. So gibt es beispielsweise eine staatliche Versorgung für Witwen und Waisen, für Arbeitslose, für Kranke, für Behinderte, für die Aus- und Weiterbildung, für die Altersvorsorge, ... und vieles mehr.

Wie kann also obiger Text in unserem Kulturkreis verstanden und gelebt werden?

Wenn wir über den Aspekt Leben teilen nachdenken, geht es nicht in erster Linie darum, existenzsichernde Massnahmen einzuleiten. Es geht auch nicht darum, uns einem moralischen Druck auszusetzen, in dem wir überlegen, was wir an Gutem alles tun könnten. Leben teilen ist vielmehr eine Frage unserer persönlichen Grundhaltung uns selbst, dem Nächsten, der Schöpfung und Gott gegenüber.

Sich für den anderen interessieren

Der zentrale Aspekt dieser Grundhaltung ist das wirkliche und echte Interesse am Du, am Anderen, dem wir von Angesicht zu Angesicht - Visàvis - begegnen. Wir können uns einmal in aller Ruhe überlegen, wie gross unser Interesse am Leben meiner Mitmenschen, sei dies in der Gruppe, in der eigenen Familie, am Arbeitsplatz, in der Freizeit, in der Pfarrei, in Arbeitsgruppen, ... ist.

Wenn wir uns Gedanken machen, bei welchen Personen wir uns besonders wohl fühlen, dann werden es wahrscheinlich die sein, bei denen wir nicht zuerst etwas sein müssen, sondern einfach uns selbst sein dürfen. Es gibt Gespräche, in denen die Gesprächspartner nur von sich selbst erzählen und sich kaum für das Gegenüber als Person interessieren. Solche Gespräche bleiben leer. Anders ist es, wenn ein Gespräch stattfindet, in dem wir uns wirklich für unseren Mitmenschen interessieren. Hier können wir uns öffnen und uns gegenseitig ein Stück unseres Lebens anvertrauen – wir haben dabei ein Stück unseres Lebens geteilt.

Noch eine weitere Beobachtung kann helfen, uns in das Thema Leben teilen einzufühlen: Wenn wir uns bei der Begrüssung fast automatisch fragen «Und wie geht's?», erwarteten wir ohne gross nachzudenken «Danke, gut.» Wenn unser Visàvis zu verstehen gibt, dass es gerade eine schwere Zeit durchlebt, ist dies für uns eher peinlich und unangenehm, besonders dann, wenn wir meinen, nicht viel Zeit zu haben.

Genau darum geht es in unseren Gruppen beim Leben-teilen-Lernen: Dass wir einen Raum haben, wo wir uns wirklich füreinander interessieren und Zeit füreinander haben, einen Ort, wo wir einander unterstützen. So kann die Gruppe ein Ort werden, wo wir das gegenseitige Zuhören einüben und wo wir erfahren können, wie gut es tut, wenn wir echtes Interesse erfahren und einander ein Stück weit Hilfe und Unterstützung sein können.

Wenn wir auf diese Weise innerlich Anteil nehmen und uns im Herzen bewegen lassen, kann uns der Geist Gottes Ideen schenken, in welcher konkreten «äusseren» Form wir ein Stück unseres Leben mit den Mitgliedern, den Schwestern und Brüder, in unserer Gruppe, aber auch mit dem anderen Menschen, teilen können.

Leben teilen konkret

Damit obige Gedanken nicht so «trocken» und theoretisch im Raume stehen bleiben, sind wir eingeladen, hier einige Ideen und konkrete Möglichkeiten des Lebenteilens zu überlegen und aufzuschreiben:

____

____

____

____

(Wir können beim nächsten Treffen unsere Ideen austauschen.)

2. Wissenswertes zum Philemonbrief

Der Philemonbrief ist der kleinste aller Briefe des Apostel Paulus. Er scheint ein Privatbrief zu sein. Doch er ist mehr. Der Philemonbrief zeigt, wie durch die neue Beziehung zu Jesus Christus das Sozialnetz verändert wird. Äusserlich bleiben zwar die bisherigen Strukturen erhalten, und dennoch verändert der neue Geist alles.

Sklaverei damals

Sklaven gab es damals überall. So war die Gesellschaft des Altertums wesentlich von der Sklaverei geprägt. Man konnte durch die Geburt, durch Schulden, durch Kriegsgefangenschaft oder Kriegsbeute und anderes mehr Sklave werden. Sklaven waren wie ein Besitz Eigentum des Herrn und wurden wie Sachen behandelt. Sie waren ungeschützt und weitgehend der Willkür ihrer Herren ausgeliefert.

Häufig versuchten Sklaven ihrem leidvollen Schicksal durch Flucht zu entkommen. Dies war für den Besitzer in der Regel ein beträchtlicher wirtschaftlicher Verlust, denn die Sklaven leisteten viele Arbeitsdienste. Deshalb wurden entwichene Sklaven auch steckbrieflich gesucht. Wurde er wieder eingefangen, bekam er zur Strafe Schläge, Brandmarkung und anderes mehr. Ein besonderes Glück für einen aufgegriffenen Sklaven war es, wenn dieser einen mächtigen Fürsprecher fand.

Genau dies ist hier geschehen. Der Sklave Onesimus ist entwichen und mit Paulus zusammengetroffen. In dieser Begegnung wurde er für das Evangelium gewonnen. Er wurde das geistige Kind des Paulus. Eigentlich hätte Paulus ihn gerne behalten, weil er ihm im Gefängnis wertvolle Dienste leisten könnte. Doch der damaligen Rechtslage entsprechend, gehörte Onesimus seinem Herrn Philemon und ohne seine Zustimmung durfte er ihn nicht behalten. Also schickte Paulus ihn mit einem Empfehlungsschreiben zurück.

Philemon und seine Hausgemeinde

Der Brief wendet sich an den «*geliebten Mitarbeiter Philemon, an die Schwester Aphia, an Archippus, unseren Mitstreiter, und an die Gemeinde in*» seinem «*Haus*». Philemon war offensichtlich der Leiter der Hausgemeinde.

Die christlichen Hausgemeinden hatten ihr Vorbild im jüdischen Glaubensleben. Das jüdische Haus war das Zentrum des Lebens und Glaubens einer «Grossfamilie». Die Häuser waren gross genug, dass auch Sklaven mitwohnen konnten. Der Tag war durch die Gebetszeiten unterteilt, welcher der Treffpunkt aller waren.

Hier wurde jede Woche auch feierlich der Sabbat gefeiert. Wer schon einmal an einem jüdischen Gottesdienst teilgenommen hat, dem kann aufgefallen sein, dass die eigentliche Liturgie nur ein Teil ist, zu dem der ausgiebige Austausch bei der Begrüssung, der Tauschhandel sowie oft ein ausgiebiges Mahl dazugehörten.

Christliche Hausgemeinden setzten sich nicht nur aus Familienangehörigen zusammen, die Christen geworden waren. Vielmehr gehörte dazu eine bunte Schar Neubekehrter. Menschen, die sich bisher fremd waren, bildeten eine Hausgemeinde, eine neue Grossfamilie Gottes. Besonders für die Leute aus der Unterschicht war das Erlebnis der christlichen Geschwisterlichkeit ein hoffnungsvoller Neubeginn. Das antike Klassensystem war in der christlichen Gemeinde aufgebrochen. Aus dem Herr-Knecht-Schema war die christliche «Bruderschaft» geworden. Denn durch Jesus Christus hatten sie alle einen neuen gemeinsamen Vater im Himmel erhalten. So wurden sie untereinander Geschwister (Vgl. Matthäusevangelium 23,8) und so entstand in der christlichen Hausgemeinde ein neues Sozialnetz.

Damit betraf die Angelegenheit des entlaufenen Sklaven und seiner Rückkehr nicht mehr Philemon allein, sondern die ganze Hausgemeinde. Sie war gefragt: Wie wollen wir nun zum zurückkehrenden, inzwischen Christ gewordenen Sklaven stehen? Und vor allem muss Philemon, der Leiter der Hausgemeinde, sein Verhalten vor ihr rechtfertigen.

Die neue Sicht

Während die rechtliche Sicht eindeutig ist, geht es beim Christentum um etwas Neues. Durch die Beziehung zu einem neuen Herrn, zu Jesus Christus, wandeln sich alle Beziehungen. *«Es gibt nicht mehr Juden und Griechen, nicht Sklaven und Freie, nicht Mann und Frau; denn ihr alle seid «einer» in Christus Jesus»* (Galaterbrief 3,28). Alle nationalen, gesellschaftlichen und ethnischen Abgrenzungen wurden durch die Zugehörigkeit zu Christus aufgehoben. Das Verbindende ist Jesus Christus.

Der zurückkehrende Sklave steht dadurch, dass er Jesus Christus durch das Evangelium angenommen hat in einer neuen Beziehung zu seinem Hausherrn Philemon. Sicher, Onesimus bleibt zunächst sein Sklave. Aber er ist jetzt neu sein geliebter Bruder geworden. Ein Bruder, mit dem er bis in die Ewigkeit hinein verbunden bleiben wird. Dies ist ein unbezahlbarer Gewinn. Paulus wirbt mit seiner ganzen Liebe um diese neue Sicht. So bittet er mit allem Nachdruck und mit all seinen Möglichkeiten, dass Philemon seinen Sklaven Onesimus wie einen geliebten Bruder, den er neu gewonnen hat, ja wie wenn Paulus oder Jesus selbst käme, aufnehmen und behandeln möge. Er nimmt den geschädigten und in seinen Gefühlen verletzten Philemon gleichsam an der Hand und zeigt, wie christlicher Glaube sich jetzt bewähren kann.

Paulus geht es nicht um gesellschaftliche Revolution. So schickt er auch den Sklaven zu seinem Herrn zurück. Sein Anliegen war, dass Christen in den gegebenen sozialen und politischen Verhältnissen anders, von einem neuen Geist erfüllt, leben. So werden Unrechtsstrukturen von innen her aufgebrochen und gewandelt. Philemon selbst soll in freier Weise nach dem Geist des Evangeliums entscheiden können.

Und Philemon handelte auch entsprechend. Im Kolosserbrief 4,7 erwähnt Paulus Onesimus als *«treuen und geliebten Bruder»*, der jetzt Paulus dient. Philemon hat ihn also nicht nur mit Liebe aufgenommen, sondern ihn auch freigelassen und ihn, wie Paulus es wünschte, als Mitarbeiter freigestellt.

Zum Weiterdenken

- Worin besteht das revolutionär Neue des Christentums? Welche soziale Auswirkungen hat dies?
- Was tut Paulus alles für den Sklaven Onesimus? Was zeigt sich da für ein Verhalten? Was könnte dies für uns heissen?
- Welche inneren Widerstände könnte Philemon überwinden müssen, um sich in dieser Situation als Christ zu bewähren? Was könnte ihm dabei geholfen haben? Wie können wir einander helfen, innere Widerstände zu überwinden?

3. Der Apostel Paulus

Paulus wurde in Tarsus in Zilizien, wahrscheinliche um 10 n.Chr. geboren. Er führte die in seiner Familie übliche strenge Pharisäertradition weiter. Streng und engagiert lebte der Intellektuelle nach den Weisungen der Tradition. Bis zu seiner Bekehrung war er ein erbitterter Feind der Christen, welche Jesus, einen Gekreuzigten, als Messias verehrten. Sein Hass schlug nach seiner Bekehrung in leidenschaftliche und bedingungslose Liebe um. Die Bekehrung des Paulus vor den Toren von Damaskus war vermutlich das wichtigste Ereignis in der Urkirche. Denn er wurde der grosse Apostel der Heiden.

Am 25. Januar begehen wir in der Kirche das Fest der Bekehrung des Paulus. Er ist der einzige Mensch, bei dem die Kirche offiziell die Umkehr feiert. Erstaunlich ist weiter, dass seine Umkehrgeschichte insgesamt vier Mal im Neuen Testament erzählt wird (vgl. Apostelgeschichte 9,1–22; 22,3–16; 26,4–18; Galaterbrief 1,10–24). Weshalb diese Gewichtung seiner Umkehr?

Der neue Prototyp des Christentums

Unter den Jüngerinnen und Jüngern Jesu fallen besonders die zwölf Apostel auf, mit denen Jesus besonders intensiv Gemeinschaft pflegte. Die Zahl zwölf knüpft bewusst an die zwölf Stämme des Volkes Israel an. Jesus signalisierte damit, dass er das Volk Gottes neu sammeln wollte. Als von diesen Zwölf Judas nach seinem Verrat an Jesus als Aposteln ausfiel, musste ein neuer hinzugewählt werden, um den Zwölferkreis wieder zu schliessen. Als Kandidat kam in Frage, wer den irdischen Jesus gekannt hat und *«Zeuge seiner Auferstehung»* war. Das Los fiel auf Matthias (vgl. Apostelgeschichte 1,15–26). Mit den genannten Bedingungen für die Wahl wurde die Einheit zwischen dem irdischen und auferstandenen Jesus garantiert. Diese beiden Voraussetzungen konnten aber nur so lange gelten, wie noch Jünger lebten, die mit Jesus zusammen waren. Es war eine Frage der Zeit, bis keiner mehr lebte, die den irdischen Jesus persönlich gekannt hatten.

Mit Paulus kommt deshalb von Anfang an eine neue Dimension ins Spiel. Paulus hat den irdischen Jesus nie gesehen. Er konnte also nicht an Erfahrungen mit dem irdischen Jesus anknüpfen. Damit gleicht er allen – und eben auch uns – die den irdischen Jesus nie gesehen haben. Wie können solche Menschen zum Glauben an Jesus Christus finden?

Für das Christwerden des Paulus war die Begegnung mit dem Auferstandenen in der Existenzweise des Geistes entscheidend. Während die Apostel mit dem Auferstandenen *«noch gegessen und getrunken haben»* (Apostelgeschichte 10,41), traf es die Menschen an Pfingsten *«mitten ins Herz»* (Apostelgeschichte 2,37). Für diese neuartige Begegnung mit Christus «im Geist» ist Paulus zum Prototyp aller kommenden Gläubigen geworden. Seine Erfahrung wurde zur Grundlage der kommenden Christen. In der Apostelgeschichte zeigt sich dieser Schritt darin, dass ab dem 13. Kapitel die Missionsreisen des Paulus im Zentrum stehen. Denn nun wandte sich die junge Kirche an diejenigen, die den irdischen Jesus nicht mehr gesehen hatten.

Aus Gnade leben

Die überragende Bedeutung von Paulus zeigt sich noch in einem anderen Punkt: Das Herzstück des Christentums wird offenbar. Lassen wir Paulus selbst zu Wort kommen. «*Ich wurde am achten Tag beschnitten, bin aus dem Volk Israel, vom Stamm Benjamin, ein Hebräer von Hebräern, lebte als Pharisäer nach dem Gesetz, verfolgte voll Eifer die Kirche und war untadelig in der Gerechtigkeit, wie sie das Gesetz vorschreibt. Doch was mir damals ein Gewinn war, das habe ich um Christi Willen als Verlust erkannt. Ja noch mehr: ich sehe alles als Verlust an, weil die Erkenntnis Christi Jesu, meines Herrn, alles übertrifft. Seinetwegen habe ich alles aufgegeben und halte es für Unrat, um Christus zu gewinnen und in ihm zu sein*» (Philiperbrief 3,5–8).

Paulus war ein sehr religiöser und gottesfürchtiger Mann. Er suchte sein Leben ganz am Gesetz auszurichten. Dieses Gesetz half ihm zur Erkenntnis der Sünde (vgl. Römerbrief 3,20), aber es machte ihn nicht gerecht vor Gott (vgl. Römerbrief 3,19). Denn es zeigte ihm immer nur auf, wo er und andere sich verirrt hatten, ohne dass das Gesetz sie freisprechen konnte. In der Begegnung mit Christus vor Damaskus erlebte Paulus die Gnade, dass Jesus Christus ihn freispricht und seine Sünden vergibt. Diese Erfahrung des Freispruchs wurde für Paulus konkret, als die Christen in Damaskus, die er soeben noch verfolgte und töten lassen wollte, ihn sogleich als ihren Bruder aufnahmen und ihn vor den Angriffen anderer Christusgegner in Schutz nahmen (Apostelgeschichte 9,23–25). Paulus erfuhr Gnade.

Diese neue Erfahrung mit Jesus Christus und der Vergebung der Christen in Damaskus war für ihn so stark, dass er begann, allen Menschen, die Güte und Menschenfreundlichkeit Gottes zu verkünden. In Christus zu sein, aus dem Geliebtsein von Jesus Christus und aus seinem Geist zu leben, war für Paulus so neu, so befreiend und beglückend, dass er sein ganzes Leben nun darauf verwendete, das Evangelium von der Gnade Gottes zu bezeugen. «*Ich will mit keinem Wort mein Leben wichtig nehmen, wenn ich nur meinen Lauf vollende und den Dienst erfülle, der mir von Jesus, dem Herrn, übertragen wurde: das Evangelium von der Gnade Gottes zu bezeugen*» (Apostelgeschichte 20,24).

Gnade heisst: Du bist bedingungslos angenommen und geliebt. Gottes Geist will dich wandeln und gut machen. Sein Wirken heilt und befreit. Dieser Gnade können wir uns öffnen oder verschliessen. Das Annehmen der Gnade befreit den Menschen und eröffnet ihm eine neue Art zu leben.

Missionar und Theologe

In drei beschwerlichen Missionsreisen machte er sich auf den Weg, diese Botschaft des Heiles zu verkünden. Dabei scheute er keine Strapazen und Schwierigkeiten. Viele liessen sich von der Botschaft der Gnade Gottes berühren. Sie öffneten sich dem Wirken des Heiligen Geistes und begannen aus dieser Versöhnungserfahrung heraus miteinander zu leben. So entstanden viele kleine Gemeinden, für die Paulus sorgte.

Ein Zeichen dieser Sorge zeigte sich in den Briefen, die er schrieb. Seine Briefe sind die ältesten Dokumente des Neuen Testamentes. Die folgende Reihenfolge entspricht etwa der zeitlichen Abfassung der Briefe, die Paulus als Absender nennen: Galaterbrief, erster Tessalonicherbrief, zweiter Tessalonicherbrief, erster Korintherbrief, Philipperbrief, zweiter Korintherbrief, Römerbrief, Epheserbrief, Philipperbrief, Kolosserbrief, Philemonbrief, erster Timotheusbrief, Titusbrief, zweiter Timotheusbrief.

Dabei wird heute angenommen, dass eventuell der Epheserbrief und der Kolosserbrief, mit grosser Sicherheit jedoch der erste und zweite Timotheusbrief und der Titusbrief von Apostelschülern stammen, die in seinem Sinn und seiner Autorität schrieben.

Dies alles zeigt die grosse Dynamik, die Frucht, die durch Paulus aufgegangen ist.

8. Treffen: Gemeinschaft leben

◆ Dass wir immer wieder zusammenkommen, liegt wohl auch daran, dass wir spüren, wie gut die Gemeinschaft mit anderen tut. Diese gemeinschaftliche Dimension unseres Glaubens soll bei diesem achten Treffen besonders im Vordergrund stehen.

Eröffnung: Dank und Lobpreis 15 Min.

◆ Wir beginnen mit einem Lied und einer kurzen Stille, um uns auf Jesus auszurichten.

◆ Jemand betet den Psalm 118 (Auswahl). Dann beten wir wie gewohnt mit eigenen Worten weiter.

❖ *Danket dem Herrn, denn er ist gütig, **
denn seine Huld währt ewig.
*So soll Israel sagen: **
Denn seine Huld währt ewig.
*So soll das Haus Aaron sagen: **
Denn seine Huld währt ewig.
*So sollen alle sagen, die den Herrn fürchten und ehren: **
Denn seine Huld währt ewig.
*In der Bedrängnis rief ich zum Herrn; **
der Herr hat mich erhört und mich frei gemacht.
*Der Herr ist bei mir, ich fürchte mich nicht. **
Was können Menschen mir antun?
*Der Herr ist bei mir, er ist mein Helfer; **
ich aber schaue auf meine Hasser herab.
*Besser, sich zu bergen beim Herrn, **
als auf Menschen zu bauen.
*Besser, sich zu bergen beim Herrn, **
als auf Fürsten zu bauen.
*Alle Völker umringen mich; **
ich wehre sie ab im Namen des Herrn.

*Sie umringen, ja, sie umringen mich; **
ich wehre sie ab im Namen des Herrn.
Sie umschwirren mich wie Bienen, /
*wie ein Strohfeuer verlöschen sie; **
ich wehre sie ab im Namen des Herrn.
*Sie stießen mich hart, sie wollten mich stürzen; **
der Herr aber hat mir geholfen.
*Meine Stärke und mein Lied ist der Herr; **
er ist für mich zum Retter geworden.
Frohlocken und Jubel erschallt in den Zelten der Gerechten:
«Die Rechte des Herrn wirkt mit Macht!
*Die Rechte des Herrn ist erhoben, **
die Rechte des Herrn wirkt mit Macht!»
*Ich werde nicht sterben, sondern leben, **
um die Taten des Herrn zu verkünden.
*Du bist mein Gott, dir will ich danken; **
mein Gott, dich will ich rühmen.
*Danket dem Herrn, denn er ist gütig, **
denn seine Huld währt ewig.

◆ *Ehre sei dem Vater ...*

Leben teilen 20 Min.

◆ Das letzte Treffen war dem Thema «Leben teilen» gewidmet. Ein wichtiges Element ist dabei, aneinander Interesse zu zeigen. Wir wollen immer mehr eine Gruppe werden, in der man sich für einander interessiert. Deshalb geben wir zu Beginn einander wieder Anteil an dem, was in den letzten Tage bei uns vorgefallen ist und wie das Thema des letzten Treffens bei uns weitergewirkt hat.

Bibel teilen 45 Min.

◆ Wir wollen nun kurz innehalten und uns bewusst werden, dass Jesus in seinem Wort unter uns gegenwärtig ist. Dazu singen wir ein Lied.

◆ Wir schlagen den ersten Korintherbrief 12,12–27 auf und lesen den Text.

❖ Wir wiederholen einzelne Worte oder Sätze; anschliessend ist die Stille zum Hören. Wer mag, kann etwas notieren.

◆ Wir teilen einander unsere Gedanken mit.

◆ Wir wollen das Bild des Paulus vom Leib und den Gliedern noch etwas erweitern. Ein Leib hat nicht nur Glieder, sondern auch Organe und Gewebearten, die wiederum aus verschiedenen Zellen bestehen. Wir gehen wieder Abschnitt für Abschnitt durch. (Das kann in der ganzen Gruppe oder in kleinen Teams geschehen.)

❖ Eine Zelle ist eigentlich ein eigenes lebendiges Gebilde. Sie braucht aber zum Leben den Verbund mit anderen Zellen. Der einzelne Christ gleicht einer selbständigen Zelle und braucht den Verbund mit den anderen Zellen für seine Lebendigkeit. Deckt sich dieser Satz mit unserer Erfahrung in der Gruppe? Ist unsere Gruppe ein solcher «Zellverbund», der jedem einzelnen Mitglied seine Lebendigkeit ermöglicht? Wie würde ein Christsein ohne Mitchristen aussehen?

❖ Verschiedene Zellen zusammen bilden zum Beispiel ein Organ. Ein Organ ist mehr als eine Ansammlung von Zellen. Es ist etwas anderes – ein neues Lebensgebilde. Wie kann unsere «Zell-Gruppe» mithelfen, dass gemeindliche «Organe» unterstützt werden?

❖ Die verschiedenen Organe, die Gewebezellen, das Skelett, die Glieder und vieles andere mehr bilden den lebendigen Leib. Das Zusammenspiel vieler ermöglicht erst einen lebendigen Leib. Können wir so Kirche als Leib Christi verstehen lernen?

(❖ Wo es WeG-Gemeinschaften gibt: Was ergibt sich aus den bisherigen Überlegungen für unsere WeG-Gemeinschaftstreffen?)

❖ Wie können wir die sonntägliche Eucharistiefeier als feierlichen Ausdruck der Lebendigkeit des Leibes Christi verstehen lernen?

Ins Leben bringen 3–5 Min.

◆ Wir denken über folgende Fragen nach und notieren uns eventuell Ideen.

❖ Welchen konkreten Impuls aus dem Wort Gottes erkennen wir für das gemeinsame Leben und das Miteinander unter uns Gruppenmitgliedern?

Wie können wir zwischen den Gruppentreffen einander Nährboden sein?

«Wenn ein Glied leidet, so leiden alle mit.» Welches Gruppenmitglied von uns wünscht konkrete Hilfe?

◆ Möchte jemand seine Idee allen mitteilen?

❖ ...

◆ Bevor wir nachher mit dem Gebet schliessen, soll jedes sich überlegen, ob es ein Anliegen hat, das alle bittend vor Gott tragen könnten und wofür es nachher gesegnet werden will.

Gebet und Fürbitte 10 Min.

◆ *«Wenn ein Glied leidet, leiden alle mit; wenn ein Glied sich freut, freuen sich alle mit.»* Diesen Satz von Paulus wollen wir zum Schluss im Gebet konkret werden lassen. Wir probieren Folgendes: Jedes Gruppenmitglied ist eingeladen, entweder einen Kummer oder eine Freude zu nennen. Beim Kummer könnte es so aussehen:
Jemand sagt: «Gott, ich leide unter unserem Klima im Hause. Ich suche nach Gesprächskontakten.»

◆ «Herr, höre uns.» Alle antworten: ✣ «Herr, erhöre uns.»

◆ Bei den freudigen Anlässen läuft es ähnlich:
Jemand sagt: «Jesus ich freue mich, weil ich eine gute Nachbarschaft habe.»

◆ «Herr, wir danken dir.» Alle: ✣ «Ja, Herr, wir alle danken dir.»

◆ Nun wollen wir einander segnen. Anschliessend beten wir gemeinsam das «Vater unser» und singen zum Abschluss.

Hinweise für zuhause 5 Min.

◆ Die Zeit zwischen den Gruppentreffen wollen wir wiederum nutzten.

✣ Dazu lesen wir…

- Folgende Bibelstellen helfen uns weiter auf dem Weg sich einzufühlen, dass wir ein Leib in Christus sind:

Johannesevangelium 15,1–17	Römerbrief 12,3–18
Apostelgeschichte 2,41–47	1 Korintherbrief 11,17–34
2 Korintherbrief 13,11–13	Epheserbrief 4,1–16

- Die weiterführenden Texte sind bereits vertraute Übungen für zuhause geworden.
- Können wir miteinander klären, ob es in den kommenden Tagen «natürliche» Termine gibt, an denen wir uns treffen könnten. Etwa: Haben wir Kinder in der gleichen Schule? Gehen wir in die gleichen Geschäfte einkaufen? An welchen Tagen treiben wir welchen Sport? Oder ...?

◆ Bei wem von uns gibt es «natürliche», gemeinsame Termine?

Gemütlicher Ausklang

Weiterführende Aspekte

1. Gemeinschaft

Ein afrikanisches Sprichwort sagt: «Zur Erziehung eines Kindes braucht es ein ganzes Dorf.» Damit aus einem kleinen Menschenkind ein selbstständiges Subjekt wird, braucht es ein intaktes Sozialsystem. Die Dörfer waren früher tatsächlich solche in sich funktionierende Sozialsysteme. In den Städten waren oftmals in den einzelnen Stadtteilen eigene Sozialmilieus gewachsen, so dass man den einzelnen Stadtmenschen auch an seinem «Stallgeruch» erkannte.

Die Auflösung traditioneller Gemeindestrukturen

Die Zeiten sind heute anders. Die unbegrenzte Mobilität hat es uns ermöglicht, dass wir im Laufe unseres Lebens nicht nur in «unserem Dorf» beziehungsweise «unserem Stadtteil» zuhause sind. Für viele gilt, dass sie an einem Ort wohnen, an einem anderen arbeiten, wieder anderswo ihre Kinder zur Schule bringen und an einem vierten ihre Freizeit verbringen. Darüber hinaus führen ausbildungs- und berufsbedingte Umzüge, unterschiedliche Ferienaufenthalte, Geschäftsreisen, Verwandten- und Freundesbesuche und andere Veränderungen dazu, dass wir uns gleichzeitig in vielen unterschiedlichen «Dörfern» aufhalten, aber nirgendwo richtig zuhause sind. Auch kann sich kein «Dorfmilieu» mehr ausprägen, wenn viele «Dorfbewohner» ständig unterwegs sind oder immer wieder wechseln.

Deshalb kommt der Schweizer Familientherapeut Jörg Willi zur Erkenntnis: «Der Mensch droht heute nicht nur an der Zerstörung seiner natürlichen Umwelt zugrunde zu gehen, sondern auch an der Zerstörung seiner elementaren Gemeinschaftsstrukturen.»

Wenn wir so zurückschauen, können wir noch ein Zweites entdecken: Die Gesellschaft lebte in kleinen Bürgergemeinschaften. Die

Dörfer und Stadtteile waren öffentliche Gemeinschaften und der christliche Glaube galt als die Seele dieser Bürgerschaften. Das Christentum musste sich deshalb nicht um den Aufbau eines Gemeinwesens kümmern, sondern die «natürliche Gemeinschaft» der bürgerlichen Ortsgemeinde bildete die Grundlage für die örtliche Pfarrgemeinde. Vor allem in der Landpastoral ging und geht man davon aus, dass gewachsene Strukturen und Beziehungsgeflechte die Grundlage des pastoralen Handelns sein muss. Aber auch in den Städten geht man immer noch davon aus, dass es ein Sozialsystem gibt, in dem sich die Christen bewähren. Um den Aufbau eines Gemeinwesens mussten sich Christen nicht kümmern. Wenn aber die Analyse von Jörg Willi stimmt, dass wir eine Auflösung elementarer Gemeinschaftsstrukturen erleben, dann stellt sich für Christen immer mehr die Frage: Müssten wir Christen nicht selbst solche Gemeinschaftsstrukturen aufbauen?

Wenn wir in die Anfänge der Kirche zurückblicken, dann bestand gerade das faszinierende der jungen Christen darin, dass sie in lebendigen Gemeinschaftsformen, in so genannten Gemeinden lebten. Wobei die biblische Gemeinde mit unseren Pfarrgemeinden nicht zu vergleichen ist. Biblisch Gemeinden hatten oft die Grösse einer Großfamilie. Ein grosses Haus diente ihnen als Versammlungsort. Eine solche biblische Gemeinde hatte selten mehr als 100 Mitglieder. Unter einer biblischen Gemeinde muss man sich eine Gemeinschaft vorstellen, in der alle sich persönlich kennen und jeder merkt, wenn ein Mitglied fehlt. Die Taufe, die normalerweise eine Erwachsenentaufe war, war gleichzusetzen mit der Aufnahme in eine solch konkrete Gemeinschaft.

Neue ganzheitliche Lebensformen

Papst Paul VI. erinnerte an diesen Zusammenhang von Taufe und Gemeinschaft. In seinem bis heute nachwirkenden Apostolischen Schreiben «Evangelii nuntiandi – Über die Evangelisierung in der Welt von heute» schreibt er, was mit Menschen geschieht, die sich der Verkündigung des Evangeliums öffnen: «Die Verkündigung erhält in der Tat ihre volle Dimension nur, wenn sie gehört, aufgenommen und angeeignet wird und in dem, der sie so annimmt, die Zustimmung des Herzens bewirkt.» Diese Zustimmung des Herzens mag sich auf ganz bestimmte zentrale Sätze unseres Glaubens beziehen. «Aber mehr noch, Zustimmung zu dem Lebensprogramm - dem eines verwandelten Lebens, das der Herr vorlegt. Mit einem Wort, Zustimmung zu dem Reich, d. h. zur 'neuen Welt', zum neuen Zustand der Dinge, zur neuen Weise des Seins, des Lebens, des Zusammenlebens, die das Evangelium eröffnet. Eine solche Zustimmung, die nicht abstrakt und körperlos bleiben kann, offenbart sich konkret durch einen sichtbaren Eintritt in eine Gemeinschaft von Gläubigen.» (Evangelii nuntiandi Nr. 23)

Aufbrüche zu solchen neuen Formen von Christengemeinschaften kennen wir seit einigen Jahrzehnten in Südamerika in Gestalt von «Basisgemeinden», in Afrika in der Gestalt von «Kleinen Christlichen Gemeinschaften» oder neuerdings in Asien. Auch bei uns in Europa sind in den letzten Jahrzehnten viele neue Gemeinschaften entstanden.

2. Wissenswertes zum 1 Korintherbrief 12,12–27

Für den christlichen Glauben war von Anfang an die Gemeinschaft zentral. Christlicher Glaube war nur als Gemeinschaftserfahrung erlebbar. Deshalb hat Paulus überall, wo er hinkam, Gemeinschaften – eben Gemeinden gegründet. So predigte Paulus im Jahr 50 oder 51 in Korinth und gründete dort eine Gemeinde. Mit ihr blieb er in Kontakt und begleitete sie. Nun wurden viele Fragen und Probleme an ihn herangetragen, auf die er in diesem Brief Antwort gab. Ab Kapitel 11 geht es um Fragen, die den Gottesdienst und das Gemeindeleben betreffen.

Das neue Grössere

Im Bild vom Leib, in dem die einzelnen Zellen und Organe leben – und ohne den sie lebensunfähig wären – weist er auf die fundamentale Gemeinschaftsdimension des christlichen Glaubens hin. Einige Aspekte aus der Zellbiologie können dies verdeutlichen.

Die moderne Biologie kann einzelne Zellen aus dem Organismus herauslösen. Eine solche Zelle bleibt aber nur dann am Leben, wenn sie in eine Lösung gelegt wird, die sie nährt – die so genannte Nährlösung.

Eine Zelle im Körper lebt davon, dass sie umgeben ist von andern Zellen und so miteinander ein nährendes Gewebe bilden. Weil die einzelnen Zellen sich «aneinander schmiegen» kann dazwischen die Nährlösung fliessen. Wenn auch jede Zelle ein eigenes Leben hat, benötigt sie den Zusammenschluss mit den anderen Zellen.

Aber viele einzelne Zellen zusammengenommen, bilden noch kein Organ. Ein Organ ist etwas anderes, etwas völlig Neues, etwas Grösseres, das erst durch das Zusammenspiel seiner Zellen entsteht. Obwohl die Lebendigkeit eines Organs von der Lebendigkeit jeder einzelnen Zelle abhängt, ist die Funktion eines Organs etwas, was sich in keiner Zelle findet. Ja, die einzelne Zelle kann sogar ausgetauscht werden. Das geschieht auch; denn die Zellen unseres Körpers werden erneuert.

Ein Organ ist eine eigene Wirklichkeit wie der Körper, der nicht eine haufenähnliche Ansammlung von Organen und Gliedern ist, sondern deren Zusammenspiel den gesamten Körper ausmacht. Alle Einzelteile gemeinsam bringen etwas völlig Neues hervor.

Paulus sagt zu dem grösseren Ganzen einer Glaubensgemeinschaft, das wesentlich auf dem Zusammenspiel aller Glieder beruht, *«Leib Christi»*.

Aspekte des Lebens als Leib Christi

«Durch den einen Geist wurden wir in der Taufe alle in einen einzigen Leib aufgenommen.» Taufe und Geist gliedern in den auferstandenen Jesus und seinen Leib ein. Diese Eingliederung in den Leib Jesu Christi hat Folgen. Obwohl die Zelle einen eigenen Zellkern, eine eigene Mitte hat, wird sie ihrer «Berufung» erst dann gerecht, wenn sie sich nach dem grösseren Zentrum ausrichtet: dem Gehirn.

Für den Christ im Leib Christi heisst das: Nicht nur ich habe eine eigene Mitte, mein eigenes Ich, sondern das grössere Zentrum ist Jesus Christus, der Auferstandene: Er ist das «Gehirn», oder biblisch ausgedrückt: das Haupt (vgl. Epheserbrief 1,22–23), das die Glieder leitet, sie mit Leben und Geist erfüllt und ganz für sie da ist. Als Glieder sind wir ein Teil von etwas Grösserem.

Das einzelne Glied hat dabei nur eines zu tun: sich in allem und immer auf das Haupt auszurichten und ganz jenes Glied zu sein, das es ist. Jedes Glied ist wichtig und unentbehrlich. Keines ist besser als das andere, denn Gott hat *«jedes einzelne Glied so in den Leib eingefügt, wie es seiner Absicht entsprach»* (1 Korintherbrief 12,18).

Kein Glied darf sich aus dem Dienst an den anderen herausnehmen oder sich gegen ein anderes Glied querstellen, sonst «funktioniert» der Leib nicht. *«Das Auge kann nicht zur Hand sagen: Ich bin nicht auf dich angewiesen. Der Kopf kann nicht zu den Füssen sagen: Ich brauche euch nicht.»* (1 Korintherbrief 12,21).

Die innere Verbundenheit will zu einem umfassenden Füreinander anregen, damit *«alle Glieder einträchtig füreinander sorgen. Wenn darum ein Glied leidet, leiden alle Glieder mit; wenn ein Glied geehrt wird, freuen sich alle anderen mit ihm. Ihr aber seid der Leib Christi, und jeder Einzelne ist ein Glied an ihm»* (1 Korintherbrief 12,26–27).

Der heilige Augustinus weist darauf hin, dass diese Sicht reich macht: «Wenn du die Einheit liebst, wenn du die Kirche liebst, dann ist das, was du besitzest, nicht wenig, denn welche Gabe ein anderer im Leib auch besitzt, diese Gabe gehört auch dir! Wirf allen Neid von dir, und was immer mein ist wird auch dein sein; und wenn du allen Neid ablegst, wird alles, was dein ist, mein sein!»

Zum Weiterdenken

- Was ermöglicht und bewirkt die neue Grösse, den Leib Christi, was allein nicht möglich ist? Was wird uns damit geschenkt?
- Welches könnte mein Beitrag als Glied am Leib sein?
- Welche Sicht befreit von neidischem Blick auf die Gaben anderer?
- Was bedeutet die unsichtbare (mystische) Verbundenheit aller Christinnen und Christen zu allen Zeiten im Leib Christi für das Miteinander der verschiedenen Konfessionen und christlichen Gruppen?

3. Die Bibel als Glaubensbuch des Volkes Gottes

Die Bibel ist kein historisches Buch, das genau dokumentieren will, wie damals alles geschehen ist. Die Bibel ist vielmehr eine Sammlung von Glaubenserfahrungen.

Erfahrungen werden weitergegeben

Menschen haben den lebendigen Gott und seine Liebe erfahren. Diese Erfahrungen haben sie dann weitererzählt. Diese Weitererzählen heisst Tradition (lat. tradere = weitergeben). Im Weitererzählen – gerade auch in Gottesdiensttreffen – kam es oft zu neuen Erfahrungen. Menschen erlebten, dass Gott sie im Erzählen von Vergangenem neu anspricht, bewegt und froh macht. Zur den tradierten Erzählungen kamen neue hinzu, so dass zum gleichen Thema oft unterschiedliche Erzählungen vorliegen.

In einer weiteren Phase haben die Menschen angefangen, die weitererzählten - eben tradierten - Erfahrungen zu sammeln und aufzuschreiben. So ist daraus nach und nach ein Buch entstanden. Nein, nicht ein Buch, sondern vielmehr eine Bibliothek.

So gibt es in der Bibel je nach Zählweise 73 Bücher: 46 Altes (oder Erstes) Testament und 27 Bücher Neues (oder Zweites) Testament.

Ein Gott des Weges

Diese Bücher sind in einem Zeitraum von ca. 1000 Jahren geschrieben worden. Bereits diese lange Zeitspanne zeigt einen Weg auf. Der Gott der Bibel ist ein Gott des Weges. Er geht mit einzelnen Menschen, mit Gemeinschaften, mit seinem Volk einen Weg. Auf einem Weg gerät man in immer neue Situationen. Man kann sich verirren, Umwege machen und zurückfinden.

In allen Situationen ging und geht der Gott der Bibel mit. Weil Gott auf die Situationen und Lebensumstände der Menschen eingeht und sie immer neu anspricht, darum ist die Bibel auch so vielfältig. Darum gibt es in der Bibel eine Weiterentwicklung, denn nicht von Anfang an war alles klar. Vieles hat sich erst im Verlauf des Weges nach und nach geklärt.

Weil wir noch heute auf diesem Weg sind, gibt es auch für uns viele offene Fragen. Die Bibel gibt nicht auf alle Fragen eine direkte Antwort. Der Gott der Bibel ist kein Frageonkel, der auf alles sofort eine passende Antwort bereit hat. Vielmehr will Gott durch sein Dasein und Mitsein helfen, mit ungelösten Fragen und Problemen leben zu können.

Das Glaubensbuch des Volkes Gottes

Die Bibel ist nicht nur für das stille Kämmerlein, sondern ebenso – ja vielleicht noch mehr – für die Gemeinschaft und insbesondere für die Gottesdienstfeier bestimmt. Viele Texte haben in der Liturgie ihren Ursprung. Wenn in den Gottesdienstversammlungen daraus vorgelesen wird und die grossen Taten Gottes mit Lob und Dank gefeiert werden, dann erfährt sich das Volk Gottes als erwählt, geliebt und getragen von seinem Gott. Es feiert die vergangene Geschichte, erfährt Gottes Gegenwart im Jetzt und vertraut ihm die Zukunft an.

Wer immer zur Bibel greift und darin liest, bleibt nicht in einem individuellen Erfahrungsbereich. Er kommt in Berührung mit den Glaubenserfahrungen des ganzen Gottesvolkes. Er wird davon genährt und, wenn er sich auf den Gott der Bibel einlässt, auch ins Leben des Volkes Gottes integriert.

9. Treffen: Krisen auf dem Glaubensweg

◆ Inzwischen sind schon einige Wochen vergangen, seit wir miteinander begonnen haben. Auf manch Schönes können wir zurückblicken. Manche Langeweile und schwierige Situation war vielleicht auch dabei. Heute soll es um Krisen auf dem Glaubensweg gehen. Hierbei gilt es zu erkennen, dass die meisten Krisen auf unserem Glaubensweg Wachstumskrisen sind. Leider gibt es eine Scham, die eigenen Krisen zu offenbaren. Manchmal haben Gruppenmitglieder das Gefühl, dass sie,wenn sie ihre Krisen offenbaren, für die anderen ein Hindernis seien. Gerade das Gegenteil ist der Fall: Wir lernen am meisten, wo wir die Krisen miteinander teilen.

Eröffnung: Dank und Lobpreis 10 Min.

◆ Wir beginnen mit einem Lied und einer kurzen Stille, um uns auf Jesus auszurichten. Dann betet jemand den Psalm 18 (Auszug).

❖ *Ich will dich rühmen, Herr, meine Stärke, **
Herr, du mein Fels, meine Burg, mein Retter,
*mein Gott, meine Feste, in der ich mich berge, **
mein Schild und sicheres Heil, meine Zuflucht.
*Mich umfingen die Fesseln des Todes, **
mich erschreckten die Fluten des Verderbens.
*In meiner Not rief ich zum Herrn **
und schrie zu meinem Gott.
*Er griff aus der Höhe herab und fasste mich, **
zog mich heraus aus gewaltigen Wassern.
*Er führte mich hinaus ins Weite, **
er befreite mich, denn er hatte an mir Gefallen.
*Du, Herr, lässt meine Leuchte erstrahlen, **
mein Gott macht meine Finsternis hell.
*Mit dir erstürme ich Wälle, **
mit meinem Gott überspringe ich Mauern.

*Du schaffst meinen Schritten weiten Raum, **
meine Knöchel wanken nicht.
*Darum will ich dir danken, Herr, vor den Völkern, **
ich will deinem Namen singen und spielen.

◆ *Ehre sei dem Vater ...*

Leben teilen 30 Min.

◆ Wir wollen uns heute einmal an Krisen des Glaubens und des Glaubensweges wagen. Das setzt die Bereitschaft voraus, einander auch dort Anteil geben, wo es nicht immer einfach ist.

Krisen sind Glücksstunden für das «Leben teilen». Denn Krisen können die fruchtbarsten Zeiten werden, um die Dimension des Lebenteilens in seiner ganzen Fülle zu entdecken. Einer der häufigsten Irrtümer innerhalb von «frommen» Gruppen ist es, zu glauben, dass das Sprechen über Krisen, Probleme oder Schwierigkeiten die anderen auf ihrem Weg «aufhalte». Ganz im Gegenteil – nur Mut zur Krise!

Gerade, wenn Gruppen am Anfang stehen, wird es als Erleichterung erlebt, wenn jemand von seinen Schwierigkeiten zu sprechen beginnt, weil es anderen oft auch so geht. Nur traute sich bisher niemand, etwas zu sagen. Dies vielleicht gerade auch wegen unserer heutigen Bibelstelle: Es will doch niemand als Kleingläubiger dastehen, indem er zugibt Mühe mit so vielem zu haben.

Wer wagt es hier und heute, über Schwierigkeiten, Ängste und Krisen zu reden? (Aber jetzt keine künstlichen Dinge erfinden! Wenn es nichts gibt, gibt es nichts.)
Probieren wir es einfach. Überlegen wir einen Moment in Stille, wo wir bisher kleine oder grössere Krisen oder Schwierigkeiten auf unserem Glaubensweg erlebt haben.

✥ Wir überlegen. Hilfreich dazu können die Bilder des Eröffnungspsalms sein. Dort war von Not, von Fesseln, Fluten, Mauern und anderen Bildern die Rede.

Bibel teilen 40 Min.

◆ Wir wollen nun kurz innehalten und uns bewusst werden, dass Jesus in seinem Wort unter uns gegenwärtig ist. Dazu singen wir ein Lied.

◆ In der Heiligen Schrift gibt es viele Krisengeschichten, Erfahrungen von Scheitern und von überstandenen Krisen. Welche Dynamik eine Krise entfalten kann, zeigt die heutige Bibelstelle. Sie ist eine klassische Beschreibung für einen Krisenverlauf.

Wir schlagen das **Markusevangelium 4,35–41** auf und lesen den Text.

✣ Wir wiederholen einzelne Worte oder Sätze; anschliessend ist die Stille zum Hören. Wer mag, kann etwas notieren.

Es kann hilfreich sein, sich während der Stille in die Szene zu versetzen. Dabei können wir uns in der Person eines der Bootsleute wiederfinden.

◆ Wir teilen einander unsere Gedanken mit.

✣ Wir erzählen, was uns in der Stille aufgegangen ist.

◆ Wir beschäftigen uns nun mit weiteren Fragen. Wir können wieder Frage um Frage durchgehen.

- Die Jünger können in dieser Situation nicht aussteigen – was ein Grund für die Krise ist. Kennen wir ebenfalls solche Situationen?
- Wie hat auf uns Jesu Wort von den Kleingläubigen – *«Warum habt ihr solche Angst? Habt ihr noch keinen Glauben?»* – gewirkt?
- Jesus schläft. Entspricht das unseren Erfahrungen?
- Wie geht es uns in der Krise? Kennen wir Erfahrungen von Hilfe und Rettung?

«Ich frage mich: Warum kommt die Rettung immer erst in der letzten Minute?» Was meinen wir zu dieser Aussage?

Ins Leben bringen 3–5 Min.

◆ Falls nicht schon geschehen, denken wir miteinander darüber nach, wie wir künftig mit Krisen unserer Gruppenmitglieder umgehen können.

- Wie können wir zwischen den Treffen uns noch mehr an «plötzlich tobenden Stürmen» Anteil geben?
- Wie können wir noch mehr eine Gebetsgemeinschaft in gegenseitigen Nöten werden?

____

____

____

____

Gebet und Fürbitte 10 Min.

◆ Wenn jemand von seiner Krise, Angst, Schwierigkeit, ... bereits berichtet hat, können wir nun beten und diese Person segnen, falls sie es wünscht.

◆ Gibt es andere, für die wir beten und um Gottes Segen bitten sollten?
Welche Anliegen wollen wir Gott gemeinsam anvertrauen?

◆ Wir beten das «Vater unser». Danach rundet ein Lied das Treffen ab.

Hinweise für zuhause 5 Min.

(◆ Als Nächstes könnte wieder ein Treffen mit allen Gruppen als WeG-Gemeinschaft anstehen. Wir wollen uns noch überlegen, was wir als Gruppe dazu beitragen können.)

- ❖ Alle überlegen und sammeln Ideen.
- ◆ Wir lesen still folgende Hinweis durch:
- ❖ Die weiterführenden Texte wollen wiederum helfen, das Thema zu vertiefen.
  - Wenn ich in eine Krise gerate, habe ich einen Menschen mit dem ich darüber reden kann?
  - Die folgenden Bibelstellen nehmen das Thema «Krisen auf dem Glaubensweg» auf:

Genesis 25,19–34; 27,1–40	Markusevangelium 14,32–42
Jona 1,1–2,11	Apostelgeschichte 15,36–41
Apostelgeschichte 27,27–44	2 Korintherbrief 1,8–11
Johannesevangelium 6,60–71	

Gemütlicher Ausklang

Weiterführende Aspekte

1. Vom Sinn der Glaubenskrisen

Wir sind schon einige Monate unterwegs. In dieser Zeit haben wir uns an viel Neues gewöhnt. Die Anfangsphase nach dem Glaubensseminar war vielleicht einfach und schön. Das Gebet machte uns Freude. Von den Gruppentreffen ging eine Anziehung aus. Sie belebten und erfreuten uns.

Doch in der Zwischenzeit kann es mühsamer geworden sein. Man kennt sich bereits. Manches braucht mehr Überwindung. Die Anfangsdynamik scheint vielleicht verloren. Mit dem Gebet geht es auch nicht mehr so gut. Wir haben es uns leichter und einfacher vorgestellt. Was soll nun diese Mühe? Gehört das zum Glaubensleben dazu? Es können Zweifel auftreten: Erhört uns Gott wirklich? Vielleicht verstehen wir einiges nicht und wir fragen uns: Warum? Warum geht es nicht so weiter, wie wir es möchten? Was haben wir falsch gemacht?

Um es gleich vorweg zu nehmen: Solche Fragen und Phasen sind normal. Sie gehören zum Glaubensleben und sind notwendig. Die folgenden Gedanken wollen helfen, dies besser zu verstehen.

«Doch die Jünger verstanden ... nicht» (Lukasevangelium 9,45)

Die erste Zeit mit Jesus war für die Jünger begeisternd. Sie sahen wie Jesus Wunder wirkte, mitreissende Predigten hielt und einen grossen Teil des Volkes faszinierte. Alles schien so einfach zu sein. Diese erste Zeit, in der besonders sein Wirken in Galiläa beschrieben wurde, wird deshalb auch 'galiläischer Frühling' genannt.

In einer weiteren Phase rief Jesus Menschen in seine Nachfolge und zeigte ihnen was das bedeutete. Nun ging es um Umkehr des Herzens, um innere Umwandlung. In dieser Zeit begann er seinen engsten Jüngern, den Aposteln, sein Leiden, seine Verwerfung von den Einflussreichen, sein Sterben und seine Auferstehung anzukündigen. Nun wurde es für die Jünger schwierig. Sie hatten sich alles ganz anders vorgestellt. Sie träumten von einem siegreichen Messias, an dessen Seite sie Ehre und Anerkennung bekämen.

Und nun soll Jesus verworfen werden, leiden und sterben. Das war für Petrus zuviel. Denn für ihn war klar, dass alles passieren darf, aber dies auf gar keinen Fall. *«Da nahm ihn Petrus beiseite und machte ihm Vorwürfe; er sagte: Das soll Gott verhüten, Herr! Das darf nicht mit dir geschehen! Jesus aber wandte sich um und sagte zu Petrus: Weg mit dir, Satan, geh mir aus den Augen! Du willst mich zu Fall bringen; denn du hast nicht das im Sinn, was Gott will, sondern was die Menschen wollen.»* (Matthäusevangelium 7,22–23). Petrus war schockiert. Da meinte er es doch nur gut mit Jesus...

Doch auch bei der zweiten Leidensankündigung konnten sie noch nicht verstehen: *«Doch die Jünger verstanden den Sinn seiner Worte nicht; er blieb ihnen verborgen, sodass sie ihn nicht begriffen. Aber sie scheuten sich, Jesus zu fragen, was er damit sagen wollte.»* (Lukasevangelium 9,45). Es war für die Jünger damals sehr schwierig, ihre eigenen Vorstellungen und Wünsche loszulassen und die Sicht eines leidenden und verachteten Messias anzunehmen. Vielleicht ahnten sie intuitiv, dass ihr Weg in eine ähnliche Richtung gehen könnte und dagegen lehnte sich etwas in ihnen auf. Noch konnten sie nicht erkennen, dass der Weg des Loslassens und der inneren Umwandlung in eine neue Freiheit, in eine grössere Weite und eine tiefere Gelassenheit führt.

Wie Petrus seine Vorstellung für den «richtigen» Weg für Jesus hatte, so können auch wir unsere Vorstellungen und Erwartungen haben. Wir können Gott für unsere Interessen und Vorlieben «benutzen» wollen. Er sollte doch gefälligst lieb sein! Er sollte es so machen, wie wir es gerne hätten.

Doch der Glaubensweg ist umgekehrt. Nicht Jesus muss uns nachfolgen, sondern wir ihm. Das heisst: Er muss nicht unseren vordergründigen Interessen dienen und unseren Vorstellungen folgen. Jesus ruft vielmehr uns, ihm zu folgen und zu vertrauen, dass sein Weg uns wahrhaft frei und glücklich macht. Darum geht es in den Glaubenskrisen. Sie sind Wachstumschancen. Es geht um eine innere Umwandlung, die meist ein mühsamer Prozess ist, der Zeit braucht. Gott will uns in der Tiefe wandeln. Mit anderen Worten: Gott will uns in die Freiheit der Kinder Gottes führen.

Frei werden von negativen Bindungen

Um welche Freiheit geht es da? Wir werden von vielem umhergetrieben: von falschen Sorgen, vordergründigen Ängsten, negativen Gefühlen von Eifersucht und Neid. Menschen können gebunden sein an Geld, an Ehre, an Hass, an Essen und Trinken, an Sex, an Fernsehen, an Ehrgeiz, an Arbeit ... und vieles mehr. Viele sind abhängig von anderen Menschen: «Ohne den oder die kann ich nicht leben», sagen sie dann und verwechseln dies mit Liebe.

Eine andere Art von Bindungen betreffen mehr unseren Geist und unsere Denkweisen. Diese Art zeigt sich in Vorstellungen, wie der Partner, die Kinder, die Mitmenschen, die Regierung, der Chef, die Kirche, das Wetter, Leiterinnen und Leiter, ja auch wie Gott sein sollte. Diese eigenen Bilder stellen sich alsbald als Festlegungen heraus. Gerade im Blick auf unsere Vorstellung von Jesus und Gott hindern sie Gott selbst daran, sich uns zu zeigen, wie er ist. Diese Bilder und Erwartungen hindern uns, ganz in die Freiheit und Herrlichkeit der Kinder Gottes zu kommen.

Dem Umwandlungsprozess trauen

Krisen sind deshalb Wachstumskrisen. Vertrauen, Liebe und Freiheit möchten sich entfalten. In dieser Optik kann Paulus solche Krisen willkommen heissen: Wir *«rühmen uns unserer Hoffnung auf die Herrlichkeit Gottes. Mehr noch, wir rühmen uns ebenso unserer Bedrängnis; denn wir wissen: Bedrängnis bewirkt Geduld, Geduld aber Bewährung, Bewährung Hoffnung. Die Hoffnung aber lässt nicht zugrunde gehen; denn die Liebe Gottes ist ausgegossen in unsere Herzen durch den Heiligen Geist, der uns gegeben ist.»* (Römerbrief 5,2b–5).

Zusammenfassend kann diese tiefe und innere Umwandlung und der Umkehrprozess so formuliert werden: Während wir am Anfang unseres Glaubenslebens «Gott», beziehungsweise, was wir alles für Gott gehalten haben, wie einen Schatz besitzen und festhalten, löst er sich mehr und mehr aus unseren fixierten Zugriffen. Er will uns davon befreien und wandeln, damit er uns ganz mit seiner Liebe erfüllen und unsere Gottebenbildlichkeit zum Strahlen bringen kann. Wer in eine Glaubenskrise gerät, für den beginnt die Wandlung. Da sind wir schnell in Gefahr aufzugeben. Darum sind Menschen, die uns ermutigen, schützen und tragen, hier eine unentbehrliche Hilfe.

2. Wissenswertes zum Markusevangelium 4,35–41

Krisen gehören zum Glaubensweg. In ihnen zerbricht oft das, worauf wir bisher gebaut und worin wir bisher gelebt haben. Krisen sind Chancen für Neues. Sie wollen uns in ein tieferes Vertrauen und ein tieferes Erkennen Jesu hineinführen. Deshalb lässt Jesus seine Jüngerinnen und Jünger in Krisen geraten. Die Erfahrung des Sturms auf dem See kann ein Bild unserer Krisen sein.

In einem Boot mit Jesus

Im Gegensatz zu einem Ozeandampfer birgt ein Fischerboot Risiken und Gefahren in sich. *«Ans andere Ufer hinüberfahren»* kann unser Unterwegssein mit Jesus in die neue, unzerstörbare Welt Gottes ausdrücken. Dorthin sind wir mit Jesus unterwegs. Im Fischerboot hat nur eine kleine Gruppe Platz. Das Boot ist ein Bild für diese besondere und enge Gemeinschaft. Die Jünger sind in einem Boot mit Jesus, das heisst auf «Gedeih und Verderben» an seine Gemeinschaft gebunden. Nun wird auf seinen Befehl hin das sichere Ufer verlassen. Das Wagnis beginnt. Der Weg mit Jesus bringt uns oft auch in Schwierigkeiten. Ein Wirbelsturm bricht los. Die aufgepeitschten Wellen füllen das Boot mit Wasser. Das Boot droht unterzugehen und das Abenteuer mit Jesus im Untergang zu enden.

Stürme, Gegenwind ... Schwierigkeiten und tödliche Gefahren gibt es im Boot mit Jesus. Alles, was mühsam aufgebaut wurde, droht durch die widrigen Umstände zu versinken. Und Jesus? Er schläft im grössten Sturm. Er schweigt. Er greift nicht ein ... Da packt die Jünger Angst. Sie möchten nicht zugrunde zu gehen.

Die Angst des Jüngers ...

Darf ein Jünger, eine Jüngerin Jesu Angst haben? Selbst Jesus hatte Angst wie folgende Schriftstellen zum Ausdruck bringen: *«Da ergriff ihn Furcht und Angst, und er sagte zu ihnen: Meine Seele ist zu Tode betrübt. Bleibt hier ...»* (Markusevangelium 14,33–34).

«Als er auf Erden lebte, hat er mit lautem Schreien und unter Tränen Gebete und Bitten vor den gebracht, der ihn aus dem Tod retten konnte, und er ist erhört und aus seiner Angst befreit worden.» (Hebräerbrief 5,7).

Auch Paulus kennt die Angst: *«In allem erweisen wir uns als Gottes Diener: durch grosse Standhaftigkeit, in Bedrängnis, in Not, in Angst ...»* (2 Korintherbrief 6,4).

«Als wir nach Mazedonien gekommen waren, fanden wir in unserer Schwachheit keine Ruhe. Überall bedrängten uns Schwierigkeiten: von aussen Widerspruch und Anfeindung, im Innern Angst und Furcht» (2 Korintherbrief 7,5).

Maria sagt zum 12-jährigen Jesus im Tempel: *«Dein Vater und ich haben dich voll Angst gesucht»* (Lukasevangelium 2,48).

Angst gehört zum Christsein. Ehrlichkeit ist in der Angst gefragt. Wir dürfen vor uns, vor Jesus und voreinander all unsere Ängste zugeben und bekennen: «Das macht mir Angst und Kummer ...»

In der Angst auf Jesus schauen

Während der rasende Sturm Wasser ins Boot hineinpeitscht und dieses unterzugehen droht, schläft Jesus darin seelenruhig. Ein Bild voller Gegensätze.

«Sie weckten ihn und riefen: Meister, kümmert es dich nicht, dass wir zugrunde gehen?» Nun steht Jesus auf und wiederum geschieht Überraschendes. Normalerweise kümmern sich Naturgewalten keinen Deut um menschliche Worte. Doch hier zwingt Jesus die Natur zur Ruhe. *«Und der Wind legte sich und es trat völlige Stille ein.»*

Angesichts der sich überstürzenden Ereignisse geraten die Jünger von einer Angst in die andere. Zuerst hatten sie Angst vor den rasenden Naturgewalten, jetzt vor dem, der solche Macht über sie hat. Denn die Wirkung des Wortes Jesu widerspricht all ihren bisherigen Lebenserfahrungen. *«Was ist das für ein Mensch, dass ihm sogar der Wind und der See gehorchen?»* Aber die Naturgewalt hatte für Jesus schon längst die Furcht einflössende Macht verloren, denn er schlief mitten im Sturm.

Die Jünger verstehen, dass sie Jesus und seine Macht noch nicht genügend kennen. Während sie auf die mächtigen Naturgewalten schauen und sich davon ängstigen lassen, haben sie noch nicht erfasst, mit wem sie im Boot sitzen. Im Boot, in der Verbindung mit Jesus, gibt es keine Situation, in der wir verloren sind.

Im Johannesevangelium sagt Jesus ein bemerkenswertes Wort, das diese Einladung, auf ihn zu schauen, verstärkt. *«In der Welt seid ihr in Bedrängnis, aber habt Mut: Ich habe die Welt besiegt»* (Johannesevangelium 16,33). Ich bin stärker als sie und meine Kraft lebt in dir. Schau auf mich! Ich gehe alle Wege mit dir; Tag für Tag, Stunde um Stunde, Minute um Minute werde ich dir die nötige Kraft geben.

Diese Wahrheit bezeugen unzählige Menschen. Einer von ihnen ist Dietrich Bonhoeffer, der im Gefängnis kurz vor Ende des zweiten Weltkrieges von Hitlers Gefolgsleuten umgebracht worden ist: «Ich glaube, dass Gott uns in jeder Notlage so viel Widerstandskraft geben wird, wie wir brauchen. Aber er gibt sie nicht im Voraus, damit wir uns nicht auf uns selbst, sondern allein auf ihn verlassen. In solchem Glauben müsste alle Angst vor der Zukunft überwunden sein.»

Jesus lädt uns ein, uns nicht auf die Sorgen, Probleme, Schwierigkeiten, Leiden, Unmöglichkeiten usw. zu fixieren, sondern darin auf den zu schauen, der mit uns ist.

Zum Weiterdenken

- Was macht mir Angst?
  Wo erlebe ich, dass Bisheriges zerbricht, nicht mehr trägt?
- Kann ich mich in der Geschichte vom Seesturm wiederfinden? In welcher Person und in welchen Gefühlen?
- Was macht mir Angst, wenn ich in die Zukunft blicke? Wie soll ich – nach der Botschaft dieses Textes – mit dieser Angst umgehen?

3. Die positive Grundhaltung einüben

Die Bibel ist voll von Krisengeschichten. Wer immer sich auf den lebendigen Gott einlässt, geht durch Wandlungswege und somit durch Krisen und Erschütterung hindurch. Eigene Sichtweisen loszulassen und auch im Dunkeln Gottes Wegen zu vertrauen und zu gehen, diese Einladung geht durch die ganze Bibel. «Ich weiss nicht, wohin mich Gott führt, mir genügt es zu wissen, dass er mich führt, dann wird alles gut.» Dieses Grundvertrauen will die Bibel auf allen Seiten stärken. Darum erzählt sie so unverblümt auch von Scheitern, von Schuld und Versagen der Menschen. Denn all das ist aufgehoben im alles umfassenden Erbarmen Gottes. Wo immer Menschen, in welche Situation sie auch geraten sind, sich Gott zuwenden und ihm vertrauen, erfahren sie seine heilende Barmherzigkeit.

So möchten uns die biblischen Texte aufrichten und ermutigen, ohne jedoch die Gefahren zu verschweigen.

Positive Nachrichten

Jesus von Nazaret ist gekommen, um uns die gute Nachricht zu bringen. Es ist die Botschaft, dass Gott uns liebt, dass er immer mit uns ist und uns in allen Situationen Leben und Hoffnung schenken will. Das Königreich seiner Liebe ist stärker als alles Negative. Durch das Leben Jesu, durch seinen Tod am Kreuz und seine Auferstehung ist der Sieg über alles Böse, über alle Krankheit und Unmenschlichkeit, ja sogar über den Tod errungen. Das Leben, die Liebe, die Freude und die Wahrheit werden sich einst für immer durchsetzen. Das Entscheidende ist, dass wir diese Nachricht hören und sie so aufnehmen, dass sie unser Leben prägt und verwandelt. Wie kann dies geschehen?

Im Herzen bewegen

Die Kraft der Worte des Evangeliums wird dann wirksam, wenn wir sie in unser Herz aufnehmen und sie darin wirken lassen. Von Maria lesen wir, dass sie die Worte in ihrem Herzen bewegte. Sie dachte über sie nach und öffnete sich so der Kraft dieser Worte. Dazu kann folgende Anregung helfen: Was uns beim Lesen der Bibel anspricht, markieren wir. Worte, die Vertrauen und Zuversicht ausstrahlen, können wir z.B. auf ein Karteikärtchen schreiben. Solche Worte, in denen Gottes Heilskraft in unsere Herzen fliesst, können wir immer wieder und so lange lesen, meditieren und laut sagen, wie sie uns nähren.

So steht z. B. 365-mal in dieser oder ähnlicher Form in der Bibel: «Fürchte dich nicht, denn ich bin mit dir!» So sieht die Realität in den Augen Gottes aus. Die Sicht Gottes, die eine Sicht des Vertrauens ist, will uns die Frohbotschaft vermitteln. Wenn es uns gelingt, mit den Augen des Glaubens unsere jetzige Situation, unsere Sorgen, unser Nicht-mehr-weiter-Wissen usw. anzuschauen, fliesst uns von innen her Kraft zu.

Positive und gute Gedanken beginnen dann unser Leben zu prägen und wir können zu Menschen werden, die trotz Krisen, Sorgen und Lasten den Geist des Glaubens, den Geist des Evangeliums vermitteln, weil sie in allem auf Gottes Kraft und Hilfe vertrauen. Folgende Gedanken können den positiven Geist des Vertrauens aufzeigen:

«Auch wenn ich mich leer und alleingelassen fühle: Du bist da, trägst und führst mich.»

«Was auch immer auf mich zukommt, du wirst mir die Kraft geben, die ich brauche.»

«Meine Sünden und Schwächen sind kein Grund zu resignieren. Jesus ist stärker und wird gerade darin sein Wirken offenbaren.»

«Meine Probleme und Schwierigkeiten sind eine Chance, zu wachsen und gewandelt zu werden. Sie werden mir und anderen zum Segen werden.»

«Sei ohne Furcht, glaube nur!» Markusevangelium 5,36.

«Leiden und Sterben führen in die Herrlichkeit des Lebens der Auferstehung.»

10. Treffen: Berufen, Kirche zu sein

◆ Jesus hat seine Kirche ins Leben gerufen, damit sie seine Sendung fortsetzt. Wir wollen deshalb miteinander nachdenken, was das für uns bedeuten könnte.

Eröffnung: Dank und Lobpreis 15 Min.

◆ Wir beginnen mit einem Lied und einer kurzen Stille, um uns auf Jesus auszurichten. Dann betet jemand den Psalm 147.

❖ *Halleluja! Gut ist es, unser'm Gott zu singen;**
schön ist es, ihn zu loben.
*Der Herr baut Jerusalem wieder auf, **
er sammelt die Versprengten Israels.
*Er heilt die gebrochenen Herzen **
und verbindet ihre schmerzenden Wunden.
*Er bestimmt die Zahl der Sterne **
und ruft sie alle mit Namen.
*Gross ist unser Herr und gewaltig an Kraft, **
unermesslich ist seine Weisheit.
*Der Herr hilft den Gebeugten auf **
und erniedrigt die Frevler.
*Stimmt dem Herrn ein Danklied an, **
spielt unser'm Gott auf der Harfe!
*Er bedeckt den Himmel mit Wolken, / spendet der Erde Regen **
und lässt Gras auf den Bergen spriessen.
*Er gibt dem Vieh seine Nahrung, **
gibt den jungen Raben, wonach sie schreien.
*Er hat keine Freude an der Kraft des Pferdes, **
kein Gefallen am schnellen Lauf des Mannes.
*Gefallen hat der Herr an denen, die ihn fürchten und ehren,**
die voll Vertrauen warten auf seine Huld.

◆ *Ehre sei dem Vater ...*

Leben teilen 20 Min.

◆ Wir wollen uns wie gewohnt mitteilen, was uns in letzter Zeit beschäftigt hat und mit welchen Gefühlen wir heute gekommen sind.

(Eventuell war ein drittes WeG-Gemeinschaftstreffen. Wie haben wir dieses Treffen erlebt? Was hat uns ermutigt? Wer möchte dazu etwas erzählen?)

❖ Wir tauschen uns aus.

Bibel teilen 45 Min.

◆ Wir wollen nun kurz innehalten und uns bewusst werden, dass Jesus in seinem Wort unter uns gegenwärtig ist. Dazu singen wir ein Lied.

◆ Letztes Mal haben wir uns mit Krisen beschäftigt. Beim heutigen Text können wir erleben, wie eine Krise die Chance eines Neuanfangs bewirkt.

◆ Wir lesen den Text: **Apostelgeschichte 8,1b–4, und 11,19–26.** Damit wir beide Textstellen zusammen lesen können, sind sie hier abgedruckt. Trotzdem kann es gut sein, die eigene Bibel aufzuschlagen, auch um zu sehen, wie die beiden Texte zusammenhängen.

An jenem Tag brach eine schwere Verfolgung über die Kirche in Jerusalem herein. Alle wurden in die Gegenden von Judäa und Samarien zerstreut, mit Ausnahme der Apostel. Fromme Männer bestatteten Stephanus und hielten eine grosse Totenklage für ihn. Saulus aber versuchte die Kirche zu vernichten; er drang in die Häuser ein, schleppte Männer und Frauen fort und lieferte sie ins Gefängnis ein. Die Gläubigen, die zerstreut worden waren, zogen umher und verkündeten das Wort.

Bei der Verfolgung, die wegen Stephanus entstanden war, kamen die Versprengten bis nach Phönizien, Zypern und Antiochia; doch verkündeten sie das Wort nur den Juden. Einige aber von ihnen, die aus Zypern und Zyrene stammten, verkündeten, als sie nach Antio-

chia kamen, auch den Griechen das Evangelium von Jesus, dem Herrn. Die Hand des Herrn war mit ihnen, und viele wurden gläubig und bekehrten sich zum Herrn. Die Nachricht davon kam der Gemeinde von Jerusalem zu Ohren, und sie schickten Barnabas nach Antiochia. Als er ankam und die Gnade Gottes sah, freute er sich und ermahnte alle, dem Herrn treu zu bleiben, wie sie es sich vorgenommen hatten. Denn er war ein trefflicher Mann, erfüllt vom Heiligen Geist und von Glauben. So wurde für den Herrn eine beträchtliche Zahl hinzugewonnen. Barnabas aber zog nach Tarsus, um Saulus aufzusuchen. Er fand ihn und nahm ihn nach Antiochia mit. Dort wirkten sie miteinander ein volles Jahr in der Gemeinde und unterrichteten eine grosse Zahl von Menschen. In Antiochia nannte man die Jünger zum erstenmal Christen.

✣ Wir wiederholen einzelne Worte oder Sätze; anschliessend ist die Stille zum Hören. Wer mag, kann etwas notieren.

____

____

____

◆ Wir teilen einander unsere Gedanken mit.

✣ Wir erzählen, was uns in der Stille aufgegangen ist.

◆ Wir beschäftigen uns mit den weiteren Fragen. Wir können sie wieder Frage um Frage durchgehen oder einzelne auswählen:

- Von der Krise zur Chance – Was bewirkte die Krise der Zerstreuung?
- Was entstand durch die Verkündigung und die Bekehrung von Menschen zu Jesus in Antiochia? Was entstand durch die Teilnahme an der Verkündigung im Glaubensseminar (WeG-Seminar)?
- Einige Kapitel früher lesen wir in der Apostelgeschichte (5,39–42) «*Sie (der Hohepriester und die Gesetzeslehrer im Hohen Rat) riefen die Apostel herein und liessen sie auspeit-*

schen; dann verboten sie ihnen, im Namen Jesu zu predigen, und liessen sie frei. Sie aber gingen weg vom Hohen Rat und freuten sich, dass sie gewürdigt worden waren, für seinen Namen Schmach zu erleiden. Und Tag für Tag lehrten sie unermüdlich im Tempel und in den Häusern und verkündeten das Evangelium von Jesus, dem Christus.»
Warum können die Apostel den Mund nicht halten?

- Wie verstehen wir unser Christsein? Als Geschenk für uns persönlich oder als Geschenk, das auch anderen zuteil werden soll?
- Welche Gläubige waren an meinem Christ-Werden beteiligt? Wie?
- Wie könnte ich mich am Christ-Werden anderer Menschen beteiligen?

Ins Leben bringen 3–5 Min.

◆ Wir wollen folgenden Fragen nachgehen:

- Die Jünger in Antiochia lebten miteinander so, dass man ihnen den neuen Namen «Christen» (die zu Christus gehören) gab. Reden manche Leute über uns, weil wir uns regelmässig in der Gruppe treffen? Wie redet man über uns?
- Wie könnte sich das Leben in unserer Gruppe weiterentwickeln, so dass wir attraktiv für andere werden und sich andere Menschen für uns interessieren.
- Wie können wir mit den Menschen um uns herum das Leben so teilen, dass sie nach unseren Motiven und Gründen fragen?

Gebet und Fürbitte 10 Min.

◆ Wir wollen zum Schluss wieder beten. Im Psalm am Anfang hiess es: «*Der Herr baut Jerusalem wieder auf, er sammelt die Versprengten Israels.*» Wir können danken, dass Gott uns aus verschiedenen Situationen in der Gruppe (und WeG-Gemeinschaft) gesammelt hat. Weiter können wir für die Menschen um uns herum beten, ob sie uns mögen oder ablehnen, dass Jesus sie sammeln und sie mit seiner Liebe berühren möge.

◆ Welche Anliegen wollen wir gemeinsam vor Gott tragen?

◆ Wer möchte in einem persönlichen Anliegen gesegnet werden?

◆ Wir beten das «Vater unser» und schliessen mit einem Lied.

Hinweise für zuhause 5 Min.

❖ Zur weiteren Vertiefung des heutigen Themas wollen wir an die weiterführenden Texte zu dieser Einheit erinnern. Die Kontexte dienen der Erweiterung des eigenen Glaubenswissens.
Die Bibelstellen dienen dem Wachstum und der Vertiefung des eigenen Glaubens: Beides ist notwendig:

1 Petrusbrief 2,1–10	Lukasevangelium 10,1–16
Apostelgeschichte 20,17-38	Johannesevangelium 1,35–51
Matthäusevangelium 28,16-20	Römerbrief 10,11–15

Gemütlicher Ausklang

Weiterführende Aspekte

1. Jüngerschaft

«Geht hinaus ...!» (Markusevangelium 16,15)

Der griechische Begriff für Jünger «mathetes» bedeutet «Schüler». Jüngerinnen und Jünger werden die Frauen und Männer genannt, die bei Jesus in die Lebens- und Glaubensschule gegangen sind und ihn Meister nennen. Das heißt zunächst sehen: Was war Jesu ureigenste Antriebsfeder? Von sich selbst sagt er, dass er gekommen sei, *«zu suchen und retten, was verloren ist»* (Lukasevangelium, 19,10).

Jörg Zink schreibt dazu: «Wer sind die Verlorenen? Ein Pfennig, der unter dem Schrank liegt, ist verloren, weil ihn dort keiner sucht. Ein Ring, der von einer Brücke in einen Fluss fällt, ist verloren, weil das Wasser über ihn hinwegströmt und der Sand ihn zuspült und es sich nicht lohnt, ihn dort zu suchen. Das ist entscheidend: Es lohnt sich nicht. Es ist zu mühsam. ... Christus sagt, er sei gekommen, die Verlorenen zu retten. Er begab sich dorthin, wohin andere ihren Mitmenschen nicht folgen, und sagt ihnen mit anderen Worten, Gott habe ein Bild von ihnen bewahrt durch alle Zerstörung und Verkümmerung der Seele hindurch. Auch ihr Leben habe den Sinn, dass es geliebt sei.»

Viele Geschichten sind uns von Jesus bekannt, wo er Menschen aufgesucht hat, um die sich niemand kümmerte. Das konnten sozial Arme sein, aber auch der sehr reiche Zachäus gehörte dazu. Ganz unterschiedliche Menschen sind es, denen Jesus durch seine Begegnung wieder ihre ursprüngliche und von Gott gegebenen Würde zurückgegeben hat. Er hat ihnen die Botschaft vermittelt: Gerade du bist Gott wichtig, du genau so, wie du jetzt bist! Jesus ist also gekommen, diejenigen, die sich nicht wertvoll vorkamen, zu suchen. Er wollte sie erfahren zu lassen, dass gerade sie Gott wichtig sind.

Was dabei oft wenig beachtet wird ist der Umstand, dass Jesus, während er nach den Verlorenen sucht, gleichzeitig eine Gemeinschaft aufbaut, die zur Heimat der ehemals Verlorenen wird, und die seine Sendung weiterführen sollen. Jesus sammelt eine Gemeinde von Jüngerinnen und Jünger.

Vielleicht sind wir in der Gruppe auch ein Ort geworden, wo wir Heimat bei neuen Geschwistern gefunden haben. Sollen wir nun das, was wir gefunden haben, nur für uns behalten? Oder drängt es uns, dass auch andere an der Schönheit und Heilkraft unseres Glaubens Anteil bekommen? Hat jemand von uns schon innerlich den Ruf vernommen, zu suchen und zu retten, was verloren ist?

Die Verlorenen

Zunächst ist es wichtig, noch besser zu verstehen, wer die Verlorenen sind. Den meisten Menschen um uns herum geht es finanziell gut. Sie können sich soviel leisten, wie dies noch in keiner Generation möglich war. Zudem gibt es für die sozial Armen soziale Einrichtungen. Was fehlt? Wer sollen die Verlorenen sein? Selbst den Menschen, die keinen Glauben praktizieren, scheint nichts zu fehlen.

Die französische Sozialarbeiterin Madeleine Delbrêl (1904-1964) bemerkte, dass «Nichtglaube» eine andere Art des Denkens und Fühlens haben. Der Gläubige sei nie vollkommen allein, ohne jede Hilfe. Deshalb könne ein gläubiger Mensch sich kaum vorstellen, welche Ängste heutige religionslose Menschen befallen können. Ein Ungläubiger kenne die Einsamkeit im Reinzustand. Eine Einsamkeit, die, wenn sie aufbreche, unmenschlich sei. Ein Ungläubiger sei einer Beziehung beraubt, die am allerwesentlichsten zu ihm gehöre.

Vor Weihnachten spielte sich in einem Friseurgeschäft folgende Szene ab: Wie gewohnt begann der Frisör das Gespräch mit einer etwa fünfunddreissigjährigen Kundin: Bald sei ja Weihnachten, ob sie schon alle Geschenke beisammen habe. Nein, antwortete die Kundin, sie kaufe keine Geschenke. Ob sie denn schon einen Tannenbaum besorgt habe. Nein, antwortete die Kundin, sie stelle keinen Weihnachtsbaum auf. Der Frisör wagte noch einen dritten Anlauf: «Was werden Sie an Weihnachten Besonderes kochen?» «Nichts», brummelte die Kundin vor sich hin, «ich bin allein; nach mir schaut niemand und nur wegen mir lohnt sich das nicht. Es macht mich nur sentimental.» Schweigend arbeitete der Frisör weiter.

In der Nähe der Menschen sein

Der Geist Jesu hat uns dann ergriffen, wenn wir beginnen – wie Jesus – Ausschau zu halten nach den «Verlorenen». Er sensibilisiert uns für die Frage: Wer in unserer Nachbarschaft, im Arbeitskollegium, im Verein oder gar in der Pfarrgemeinde kommt sich verloren vor, selbst wenn er Freunde und Familie hat?

Ihnen nahe sein bedeutet ihre Lage zu verstehen und sie darin anzunehmen. Dabei darf es nicht vorkommen, dass Menschen sogleich in die eigene Gruppe eingeladen oder mit frommen Sprüchen vom lieben Gott, der ja immer bei ihnen sei, abgespeist werden. Es geht in der Nachfolge Jesu darum, so in der Nähe der Menschen zu sein, dass diese uns zu Freunden haben wollen. Es geht darum, dass wir bereit sind, ihnen echte «Nächste» zu werden.

Papst Paul VI. schrieb in seinem wichtigen Schreiben «Evangelii nuntiandi»: «Die Verkündigung muss vor allem durch ein Zeugnis erfolgen. Dies geschieht z. B., wenn ein einzelner Christ oder eine Gruppe von Christen inmitten der menschlichen Gemeinschaft, in der sie leben, ihre Lebens- und Schicksalsgemeinschaft, ihre Solidarität zum Ausdruck bringen. Durch dieses Zeugnis ohne Worte wecken diese Christen in den Herzen derer, die ihr Leben sehen, unwiderstehliche Fragen: Warum sind jene so? Warum leben sie auf diese Weise? Was – oder wer – ist es, das sie beseelt? Warum sind jene mit uns?»

Das ist der erste und wichtigste Schritt. Und erst auf die Fragen hin: «Warum machst du das? Was ist dein innerer Antrieb?» dürfen und sollen wir von dem reden, der uns erfüllt. Denn «dieses Zeugnis ist niemals ausreichend, wenn es nicht erklärt und durch eine klare und eindeutige Verkündigung des Herrn Jesus Christus entfaltet wird. Die Frohbotschaft, die durch das Zeugnis des Lebens verkündet wird, wird also früher oder später durch das Wort des Lebens verkündet werden müssen». Aber erst als Zweites!

Denn wir dürfen den ersten Schritt nicht vor dem Zweiten tun!

2. Wissenswertes zu Apostelgeschichte 8,1b–4; 11,19–26

«Evangelisierung» nennt Papst Paul VI. die Grundberufung der Kirche: «Evangelisierung besagt für die Kirche, die Frohbotschaft in alle Bereiche der Menschheit zu tragen und sie durch deren Einfluss von innen her umzuwandeln und die Menschheit selbst zu erneuern.» Evangelisierung können wir auch «Ausbreitung des Reiches Gottes» nennen.

Von der Evangelisierung erzählt die Apostelgeschichte. Sie beginnt mit der Ankündigung und Sendung des Heiligen Geistes an Pfingsten. Die Türen werden geöffnet. Die Evangelisierung beginnt. Das Zentrum der Evangelisierung war zu Beginn Jerusalem. Der Text, den wir bei unserem Gruppentreffen miteinander besprochen haben, markiert nun eine neue Phase in der Evangelisierung: Sie geht über Jerusalem hinaus in die ganze Welt.

Doch zunächst kommt es zu einer grossen Krise.

Eine Krise wird zur Chance

Die Ursache für die Krise waren zwei für die Kirche sehr bedeutende Männer. Der eine ist Stephanus. Er sagt, was er denkt und handelt so, wie sein Herz es ihm vorschreibt. So ergreift er ganz Partei für Jesus. Er gehorcht Gott und richtet sich nicht nach den Erwartungen der anderen. Eine solche Freiheit wirkt bedrohlich. Weil er stört, muss er weg. Er wird ermordet.

An diesem Mord ist namentlich Saulus beteiligt. Er versucht mit allen Mitteln *«die Kirche zu vernichten»*. Gerade dadurch treibt er – völlig entgegen seiner Absicht – die Evangelisierung voran, denn durch die Verfolgung der Gemeinde in Jerusalem mussten viele Anhänger Jesu fliehen. Darüber jammerten sie nicht. Vielmehr nahmen sie dies als Chance wahr. Sie *«zogen umher und verkündeten das Wort»*.

Der Startschuss, in die Welt hinauszugehen, ist damit gefallen. Der christliche Glaube verbreitet sich ausserhalb von Jerusalem. Und damit beginnt auch die Phase, in der sich *«die Anhänger des neuen Weges»* (Apostelgeschichte 9,2) innerhalb des Judentums, wie sie sich bisher verstanden, von diesem zu trennen beginnen und zu einer eigenständigen Grösse heranwachsen.

Beziehungen tragen das Werk Gottes voran

Der zweite Teil des Textes (Apostelgeschichte 11,19–26), der in Bezug auf die Verfolgung des Stephanus entstanden war, zeigt nun diese geographische Ausbreitung sowie den Weg zu den Heiden. Heiden sind Menschen, die den Gott Israels nicht kennen. Sie waren jedoch in aller Regel religiöse Menschen. Denn einen Atheismus oder eine religiöse Gleichgültigkeit (Neutrotheismus) gab es damals nicht. Dies gibt es erst in unserer Zeit.

Unter den Heiden gab es allerdings nicht wenige, die sich für Jahwe, den Gott Israels, interessierten und sich ihm angeschlossen haben. Solche Heiden, die zum Judentum übergetreten waren, nannte man «Proselyten». In Apostelgeschichte 6,5 wird zum Beispiel unter den sieben «Diakonen» ein gewisser Nikolaus, ein Proselyt aus Antiochia, aufgeführt. Von den Proselyten sind die «Gottesfürchtigen» zu unterscheiden, die sich dem Judentum in lockerer Form angeschlossen haben.

«Die Hand des Herrn war mit ihnen und viele wurden gläubig und bekehrten sich zum Herrn.» Gottes Wirken in der Verkündigung der Versprengten bewirkte die Umkehr. Sie bestand darin, Jesus Christus zu erleben, ihn als *«Herrn»* anzuerkennen und mit und für ihren *«Herrn»* zu leben.

Barnabas, *«ein trefflicher Mann, erfüllt vom Heiligen Geist und Glauben»*, verband die neue Gemeinde in Antiochia mit der Jerusalemer Ursprungsgemeinde und den Leitern der frühen Kirche. Diese Verbindung untereinander und mit der Leitung bringt Frucht, denn durch Barnabas *«wurde für den Herrn eine beträchtliche Zahl hinzugewonnen»*.

Barnabas war es auch, der zu Paulus nach Tarsus zog. Denn vor dem neubekehrten Paulus fürchteten sich die Christen immer noch. Barnabas integrierte ihn in die Gemeinde und so in die frühe Kirche. Dadurch wurde der Grundstein für die grosse Missionsaufgabe des Paulus gelegt, die in Antiochia ihren Ausgangspunkt hatte. (Vgl. Apostelgeschichte 13,1–3). So wurde die Gemeinde in Antiochia eine Schlüsselstelle für die Evangelisierung der Heidenvölker.

«In Antiochia nannte man die Jünger zum erstenmal Christen.» Damit war auch geographisch der Weg für die Eigenständigkeit der Jesusanhänger vom Judentum signalisiert.

Zum Weiterdenken

- Was bewirkte die Dynamik der Evangelisierung?
- Worin bestand der Dienst des Barnabas? Was könnte dies für uns heissen?
- Wie verstehen wir unser Christsein? Als Geschenk für jeden persönlich oder als Geschenk, das auch anderen zuteil werden soll?
- Wie waren andere Christen an meiner Christwerdung beteiligt?
- Wie könnte ich mich an der Christwerdung anderer Menschen beteiligen?

3. Vielfalt im Volk Gottes

Wenn wir die Evangelien betrachten fällt auf, dass Jesus manchmal zu den Zwölf, dann zu den Aposteln, ein anderes Mal zu den Jüngern oder zum Volk redet. Auf solche und andere Unterschiede zu schauen kann deshalb wichtig sein, weil Jesus manchmal Unterschiedliches zu den verschiedenen Personengruppen sagt.

Wenn wir im Folgenden verschiedene Personengruppen unterscheiden, dann dürfen wir nicht davon ausgehen, dass diese Charakterisierung überall im Neuen Testament gleich ist. Schon innerhalb der vier Evangelien können wir Unterschiede entdecken. Ganz besonders gilt dies für die verschiedenen Briefe des Neuen Testamentes. Sie stammen aus ganz unterschiedlichen gemeindlichen Situationen, die überall andere Strukturen und Ämtervorstellungen hatten.

Die Zwölf

«Jesus stieg auf einen Berg und rief die zu sich, die er erwählt hatte, und sie kamen zu ihm. Und er setzte zwölf ein, die er bei sich haben und die er dann aussenden wollte, damit sie predigten und mit seiner Vollmacht Dämonen austrieben» (Markusevangelium 3,13–15).

Die Zwölf, die Zahl der Monate im Jahr und der Stunden am Tag, ist in besonderer Weise die Vollzahl des Gottesvolkes. Aus den 12 Söhnen Jakobs wurden 12 Stämme; ihnen entsprechen im Neuen

Testament «die Zwölf». Wie das alttestamentliche Gottesvolk auf den Zwölf Stämmen Israels beruht, wählt Jesus die Zwölf aus, die das Fundament für das erneuerte Volk Gottes, die Kirche, bilden sollen. «Die Zwölf», wie sie meist genannt werden, sind ein Zeichen, das Jesus ganz bewusst setzt. Es geht ihm um die Erneuerung des Volkes Gottes.

Dass Jesus «die Zwölf» um sich sammelte, ist die Frucht einer Gebetserhörung (vgl. Lukasevangelium 6,12). Die Sammlung der Jünger entspricht daher dem Willen seines Vaters im Himmel. Um die Zeichenhaftigkeit und die Vollständigkeit des Fundamentes für das neue Gottesvolk zu wahren, muss nach dem Ausfall von Judas Iskariot ein Ersatz gewählt werden. Durch die Wahl des Matthias (Apostelgeschichte 1,15-26) wird der Zwölferkreis vervollständigt. Später verliert der Zwölferkreis seine Bedeutung.

Die Apostel

Der griechische Ausdruck «apostolos» bedeutet «Gesandter», aber auch einfach «Bote» und «Botschafter». Das Neue Testament bezeichnet als Apostel einen bevollmächtigten Gesandten, der das Evangelium vom Reich Gottes und der Auferstehung Jesu von den Toten zu verkündigen und darüber hinaus einen besonderen Dienst, ein Amt, vom Herrn übertragen bekommen hat.

Nach dem Neuen Testament lassen sich mehrere Gruppen von Apostel unterscheiden: Apostel als Untergebener des Herrn, der ihn sendet; Apostel als Abgesandte und Informanten von Gemeinden; Apostel als Missionare und Gemeindegründer der Urchristenheit; schliesslich die Zwölf, die Jesus Apostel genannt hat.

Die Jünger

Der griechische Begriff für Jünger «mathetes» bedeutet «Schüler». Die Jünger Jesu sind Menschen, die ihn als Lehrer anerkannten, seine Lehre hörten und so gleichsam bei ihm in die Lebensschule gegangen sind. Als Jünger werden in den Evangelien oft die Menschen bezeichnet, die Jesus persönlich gerufen hat, um mit ihm von Dorf zu Dorf zu ziehen. Sie waren also mit Jesus unterwegs und so den gleichen Gefährdungen wie Jesus ausgesetzt. Sie waren wie er auf Gastfreundschaft angewiesen. Auch sie wurden von Jesus ausgesandt. *«Danach suchte der Herr zweiundsiebzig andere aus und sandte sie zu zweit voraus in alle Städte und Ortschaften, in die er selbst gehen wollte»* (Lukasevangelium 10,1).

Weiter gab es viele Frauen und Männer, die Jesus auf seinen Wanderungen von Ort zu Ort nicht folgten, aber auf ihn hörten. Wir können sie als «ortsfeste», sesshafte Jünger Jesu bezeichnen, die ihn und seine mit ihm ziehenden Jünger abends in ihre Häuser aufnahmen und sie versorgten. Diese wurden zu Stützpunkten der Jesusbewegung, die nötig waren für den fruchtbaren Verkündigungsdienst.

«Da riefen die Zwölf die ganze Schar der Jünger zusammen» (Apostelgeschichte 6, 2). In der Apostelgeschichte bezeichnet *«Jünger»* dann alle gläubig Gewordenen und Glieder der Gemeinde, Männer und Frauen, die Jesus nachfolgten und eine Gemeinde bildeten. Erstmals in Antiochia werden *«Jünger»* mit Christen gleichgesetzt.

Als Familie Gottes einander dienen

Nicht jeder konnte und brauchte zum Zwölferkreis gehören. Auch nicht alle mussten Wanderjünger sein und von Dorf zu Dorf ziehen. Aber alle, die die Botschaft vom Reich Gottes annahmen und füreinander sorgten, bildeten die «neue Familie Gottes». *«Und Jesus blickte auf die Menschen, die im Kreis um ihn herum sassen, und sagte: Das hier sind meine Mutter und meine Brüder. Wer den Willen Gottes erfüllt, der ist für mich Bruder und Schwester und Mutter»* (Markusevangelium 3,34–35).

In dieser Familie waren alle berufen, mit ihren Möglichkeiten zum Aufbau des Ganzen beizutragen. So lebten die Jünger, die unterwegs waren, von den Familien, die ihnen abends Gastfreundschaft boten. Als die Zwölf nach der Auferstehung Jesu von Galiläa, einer ländlichen Gegend, in die Grossstadt Jerusalem kamen, um dort die erste Gemeinde zu bilden, waren sie in vielem auf die Hilfe dort ansässiger Jünger Jesu angewiesen. Diese halfen ihnen bei der Suche nach Wohnungen und Arbeitsplätzen. Viele mussten einen neuen Beruf suchen, denn Fischer brauchte es in Jerusalem nicht.

Die Gemeinde wurde zum Ort gemeinsamer Sorge. Aus einer Wanderbewegung entstand so schliesslich ein grosses Netzwerk lokaler Gemeinden, die zusammen das neue Volk Gottes bildeten.

11. Treffen: Die eigenen Charismen entdecken

◆ Bei unseren bisherigen Treffen haben wir uns schon so gut kennen gelernt, dass wir sicher festgestellt haben, wo jede und jeder seine guten und starken Seiten hat. Heute wollen wir diese Gaben in den Blick nehmen. Gott schenkt diese Gaben jedem Einzelnen zur gegenseitigen Auferbauung und Stärkung unserer Gemeinschaft.

Eröffnung: Dank und Lobpreis 15 Min.

◆ Wir beginnen mit einem Lied und einer Stille, um uns auf Jesus auszurichten. Dann betet jemand den Psalm 148. Dank und eigenes Lobgebet schliessen sich an.

❖ *Halleluja! Lobt den Herrn vom Himmel her, **
lobt ihn in den Höhen:
*Lobt ihn, all seine Engel, **
lobt ihn, all seine Scharen;
*lobt ihn, Sonne und Mond, **
lobt ihn, all ihr leuchtenden Sterne;
*lobt ihn, alle Himmel **
und ihr Wasser über dem Himmel!
*Loben sollen sie den Namen des Herrn; **
denn er gebot, und sie waren erschaffen.
*Er stellte sie hin für immer und ewig, **
er gab ihnen ein Gesetz, das sie nicht übertreten.
*Lobt den Herrn, ihr auf der Erde, **
ihr Seeungeheuer und all ihr Tiefen,
*Feuer und Hagel, Schnee und Nebel, **
du Sturmwind, der sein Wort vollzieht,
*ihr Berge und all ihr Hügel, **
ihr Fruchtbäume und alle Zedern,
*ihr wilden Tiere und alles Vieh, **
Kriechtiere und gefiederte Vögel,

ihr Könige der Erde und alle Völker, *
ihr Fürsten und alle Richter auf Erden,
ihr jungen Männer und auch ihr Mädchen, *
ihr Alten mit den Jungen!
Loben sollen sie den Namen des Herrn; denn sein Name allein ist erhaben, *
seine Hoheit strahlt über Erde und Himmel.
Seinem Volk verleiht er Macht, das ist ein Ruhm für all seine Frommen, *
für Israels Kinder, das Volk, das ihm nahen darf. Halleluja

◆ *Ehre sei dem Vater ...*

Leben teilen 20 Min.

◆ Wir sind nun schon einige Zeit zusammen. Wir haben uns untereinander immer besser kennen gelernt. Wir überlegen einen Moment, welche Stärken, Fähigkeiten und positiven Seiten jede und jeder von uns hat. Anschliessend sagen wir einander unsere Stärken und positiven Seiten zu.

Vielleicht gehen wir am besten alphabetisch vor: Mit der Person, deren Vorname als erstes im Alphabet steht, beginnt die Runde. Jedes Gruppenmitglied sagt freiwillig dieser Person jeweils die Stärke, Fähigkeiten und positiven Seiten zu. Wenn alle etwas gesagt haben, kommt die Person dran, deren Vorname der nächste im Alphabet ist. Und so weiter.

❖ Wir sagen einander unsere Stärken zu.

◆ (Nach dieser Runde) Gibt es noch Anderes aus den letzten Tagen, was wichtig ist einander mitzuteilen?

Bibel teilen 45 Min.

◆ Wir wollen nun kurz innehalten und uns bewusst werden, dass Jesus in seinem Wort unter uns gegenwärtig ist. Dazu singen wir ein Lied.

◆ Wir lesen **Römerbrief 12,1–8.**

❖ Wir wiederholen einzelne Worte oder Sätze; anschliessend ist die Stille zum Hören. Wer mag, kann etwas notieren.

◆ Wir teilen einander unsere Gedanken mit.

❖ Wir erzählen, was uns in der Stille aufgegangen ist.

◆ Wir beschäftigen uns mit weiteren Fragen. Wir können sie wieder Frage um Frage durchgehen oder einzelne herausgreifen:

- Am Beginn des Treffens haben wir einander unsere Stärken, Fähigkeiten und positiven Seiten zugesagt. Entdecken wir Parallelen zu dieser Bibelstelle?
- Wir kennen den Begriff «Charisma aus dem Alltag». Was meinen wir damit?
- «Charisma» ist griechisch und heisst «Gabe, Geschenk, Gnadengabe». Wir setzen dort, wo Paulus in unserem Text «Gabe» sagt, einmal das Wort «Charisma» oder «Charismen» ein und jemand liest ihn laut vor. Worin liegt der Unterschied zwischen dem Verständnis von Charisma in unserem Text und dem, was wir eben über den alltäglichen Gebrauch von «Charisma» gesagt haben?
- Woher kommt nach Paulus die Gabe, das Charisma? (vgl. Vers 6).
- Welche Charismen haben wir heute unter uns entdeckt?
- Was könnten wir in unserer kleinen Gruppe zum Aufbau der Gemeinde beitragen?
- Welcher Lebensstil ergibt sich daraus, dass wir die eigenen Gaben nicht für uns, sondern füreinander geschenkt bekommen haben?

(Hinweis: Wenn dieses Thema in der Gruppe oder persönlich nochmals vertieft werden möchte, kann der folgendende Text eine Hilfe sein.)

◆ Wir lesen weiter im ersten Korintherbrief 12,4–11 und besprechen die folgenden Fragen anhand des Textes aus dem Korintherbrief. (Sie begegnen uns im zweiten Kontext nochmals.)

- Wozu werden uns diese Gaben vom Geist Gottes geschenkt und was will der Geist Gottes dadurch bewirken? (vgl. Vers 7)
- Paulus benützt in diesem Zusammenhang häufig das Wort streben: «***Strebt** aber nach den höheren Gnadengaben!*» (1 Korintherbrief 12,31) «***Strebt** aber auch nach den Geistesgaben*» (1 Korintherbrief 14,1). «*Da ihr nach Geistesgaben **strebt**, gebt euch Mühe, dass ihr damit vor allem zum Aufbau der Gemeinde beitragt*» (1 Korintherbrief 14,12).

Wie könnte bei uns das Streben nach Geistesgaben aussehen?

Ins Leben bringen 3–5 Min.

◆ Wir hatten am letzten Treffen gefragt: Wie können wir mit den Menschen um uns herum das Leben so teilen, dass sie nach unseren Motiven und Gründen fragen?

Heute können wir uns fragen: Welche Gaben entdecken wir beim Andern? Wie könnten sie mit diesen Gaben dienen und sie eventuell in der Pfarrgemeinde oder im weiteren Umfeld fruchtbar werden lassen?

❖ Wir teilen uns einander mit.

Gebet und Fürbitte 10 Min.

◆ «*Strebt nach den Geistesgaben*», sagt uns Paulus. In der folgenden Gebetszeit wollen wir zum *danken* für die Stärken, Fähigkeiten und positiven Seiten, die wir an uns entdeckt haben und die uns Stütze sind und dem Aufbau unserer kleinen Gemeinschaft dienen. Zugleich wollen wir sie Jesus zur Verfügung stellen, damit er durch den Heiligen Geist in diesen Gaben wirke.

Bitten können wir Jesus um Gaben, die uns noch fehlen und die wir weiter entwickeln wollen.

✣ Wir danken für die Charismen unter uns und bitten um das Wirken des Heiligen Geistes und eventuell auch um fehlende.

◆ Wir beten das «Vater unser». Danach rundet ein Lied das Treffen ab.

Hinweise für zuhause 5 Min.

✣ Wir lesen noch folgende Hinweise:

- Die Bibelstellen für die nächsten Tage sind zum Teil identisch mit den heute besprochenen. Das ist beabsichtigt, weil wir hier einem entscheidenden Gedanken des Neuen Testamentes und der Sendung Jesu begegnen.

Römerbrief 12,1–8	1 Korintherbrief 12,12–31a
1 Korintherbrief 3,5–11	1 Petrusbrief 4,10–11
1 Korintherbrief 12,4–11	2 Korintherbrief 9,6–15

- Die weiterführenden Texte können uns helfen, die Charismen, die Gott uns schenken möchte besser zu erkennen. Sie geben auch Hinweise wie wir sie fruchtbar in den Dienst des Reiches Gottes stellen können.
- Schliesslich blicken wir schon einmal voraus, wenn unsere Gruppentreffen mit dem zwölften Treffen ein erstes Ziel erreichen:
  1. Wie waren die zurückliegenden Wochen für uns?
  2. Welche Überlegungen gibt es für mich persönlich für den weiteren Weg – wie soll es für mich weitergehen?
- Habe ich weiterhin Interesse am Leben in der Gruppe?
- Suche ich eher danach mich anderweitig zu engagieren?

Gemütlicher Ausklang

Weiterführende Aspekte

1. Sich mit den eigenen Gaben einbringen

Im weiterführenden Text 1 der achten Einheit haben wir uns bereits mit dem Thema Gemeinschaft beschäftigt. In diesem Kontext wollen wir dieses Thema vertiefen.

Der Leib Jesu Christi

Wir sind als Christen aufeinander zugeordnet durch das Zusammenspiel der verschiedenen Gaben und Fähigkeiten. Daran erinnert der Apostel Paulus die Korinther: *«Ihr seid der Leib Christi, und jeder einzelne ist ein Glied an ihm. So hat Gott in der Kirche die einen als Apostel eingesetzt, die andern als Propheten, die dritten als Lehrer; ferner verlieh er die Kraft, Wunder zu tun, sodann die Gaben, Krankheiten zu heilen, zu helfen, zu leiten, endlich die verschiedenen Arten von Zungenrede»* (1 Korintherbrief 12, 27–28).

Der Körper des Menschen ist ein einziger und besteht doch aus vielen Teilen. Aber all die vielen Teile gehören zusammen und bilden einen unteilbaren Organismus.

So ist es auch mit Christus.

Paulus schreibt: *«Durch den einen Geist wurden wir in der Taufe alle in einen einzigen Leib aufgenommen, Juden und Griechen, Sklaven und Freie; und alle wurden wir mit dem einen Geist getränkt»* (1 Korintherbrief 12,13). Wir alle, so unterschiedlich wir sind, sind durch unsere Taufe in den einen Leib, in Christus, eingegliedert worden. In Christus zu sein heisst nicht der Einzelne mit Christus und dann die anderen, sondern heißt mit allen anderen zu sein. Wir werden zwar als einzelne Personen aufgenommen, dann aber als Glied in den ganzen Leib eingefügt.

Lebendiges Glied werden ...

In der Taufe, die für Paulus und die ersten Christen Erwachsenentaufen waren, wurden wir in Christus, in seinen Leib, in seine

Kirche eingetaucht. Die Taufe gliedert uns ein, aber erst die bewusste Tauferneuerung, die Entscheidung zu unserer (oft als Baby empfangenen Kindertaufe) lässt unser Gliedsein am Leib Jesu Christi lebendig und erfahrbar werden.

In Christus eingegliedert zu werden, bedeutet nicht, einfach im grösseren Ganzen zu «verschwinden». Ganz im Gegenteil. Der Leib gewinnt durch jeden einzelnen dazu. Jeder von uns hat eine unvertretbare Funktion und Würde. Wenn ich Auge bin, wird der Leib durch mich sehend. *«Das Auge gibt dem Körper Licht. Wenn dein Auge gesund ist, dann wird dein ganzer Körper hell sein. Wenn aber dein Auge krank ist, dann wird dein ganzer Körper finster sein»* (Matthäusevangelium 6,22–23). Als lebendige Glieder wollen wir unsere Gaben einbringen.

... und mit Freude die eigenen Gaben leben

Welches sind unsere Gaben und Fähigkeiten im Leib Christi? Vielleicht haben einige in unseren Gruppen erst durch das Leben in der Gruppe neue Seiten an sich entdeckt oder wiederentdeckt. Jemand hat entdeckt, wie sie/er einen Raum schön gestalten kann, ein anderes entdeckt seine Fähigkeit zu leiten, obwohl man es sich zu Beginn vielleicht nicht zu getraut hat. Andere haben ihre Gitarre wieder ausgepackt, der nächste singt, eine andere wird gerne und wohltuend stellvertretend beten, wieder jemand wird entdeckt haben, dass ihm das Trösten besonders liegt. In all dem sind wir unvertretbar und wertvoll. So ist jedem und jeder im Miteinander der Gruppe und im gemeinsamen Unterwegs aufgegangen: Ich finde im Leib dieser Gruppe eine weitere Bestimmung von mir.

Das Auge sieht erst im Leib. Das Ohr hört als Teil des Leibes. Das Herz kann alleine nicht schlagen. Weil Gaben zum Aufbau des Leibes, zum Dienst an anderen gegeben werden, entfalten sie sich in der Gemeinschaft. Vor allem in der Gemeinschaft werden Fähigkeiten von uns lebendig. Ja manchen musste man mehrmals sagen, wie gut sie etwas können, bis sie es endlich selbst geglaubt haben.

Natürlich kommt es manchmal vor, dass einige Fähigkeiten besonders hervorstechen. Manch einer denkt, wenn ich nur so reden könnte wie der andere. Aber was machen diejenigen, die gerne reden ohne die, die zuhören können und deshalb schweigen. Es braucht auch Ohren und aufnehmende Herzen in unseren Gruppen.

Eine herzliche Umarmung kann mehr heilen, wie ein zu schnell dahergesagtes Wort. Jedes Organ ist auf die anderen Organe angewiesen. Keines ist besser. Eine einzige Körperzelle kann den ganzen Organismus anstecken; aus einer einzigen Zelle kann dem Organismus rettende Kraft zuwachsen.

Wird auf diese Weise nicht auch deutlich, dass wir nicht aus uns selbst leben? Ist nicht jedes Organ, jeder Muskel darauf angewiesen, dass andere die Nahrung zuführen. «Einer lebt vom andern, für sich kann keiner sein», heisst es in einem Kirchenlied. *«Keiner von uns lebt sich selber, und keiner stirbt sich selber: Leben wir, so leben wir dem Herrn, sterben wir, so sterben wir dem Herrn. Ob wir leben oder ob wir sterben, wir gehören dem Herrn»* (Römerbrief 14, 7–8).

Wir gehören dem Herrn. Unsere Glaubensentscheidung lässt unser Gliedsein am Leib Christi lebendig werden. So sind all die Gaben und Fähigkeiten, von denen wir gesprochen haben, Gaben und Fähigkeiten, die zutiefst mit Christus zu tun haben und ihn lebendig werden lassen. Vielleicht überrascht dies uns oder macht uns verlegen. Und doch steckt dahinter eine Wahrheit unseres Glaubens: Wir sind der lebendige Christusleib heute!

Wenn wir im christlichen Sinn von einer «charismatischen Persönlichkeit» sprechen, meinen wir damit, dass ein Mensch einfach aus sich heraus ohne gekünstelte Anstrengung seine Wirkung erzielt. So verstehen wir unter den Charismen Gaben des Heiligen Geistes, die den einzelnen Christen zuteil werden, damit sie einfach aus sich heraus und ohne gekünstelte Anstrengung Glieder im Christusleib sein und den anderen dienen können. Es macht Freude, sich auf seinem Gebiet einbringen zu dürfen. «Charismen, Geschenke des Geistes Gottes, sind letztlich so zahlreich und verschieden wie die Menschen selbst. Sie ergänzen und tragen sich gegenseitig wie die Glieder unseres Leibes und ermöglichen eine soziale Gotteserfahrung in der Kirche.» (H. Mühlen)

2. Wissenswertes zum Römerbrief 12,1–8

Das Handeln Gottes geht dem Handeln des Menschen voraus. Zuerst kommt nicht das Tun des Menschen, sondern das Tun Gottes. In all dem, was wir aus dem Glauben heraus tun, bei all unseren

Gaben, die wir einsetzen, geht es immer um das Mitwirken mit Gottes Handeln.

Diese Grundstruktur liegt dem Römerbrief zugrunde. In Kapitel 1 bis 8 zeigt Paulus auf, was Gott für uns getan hat. Die Kapitel 9 bis 11 beschäftigen sich mit dem Geheimnis der Rettung Israels. Ab Kapitel 12 geht es um die Frage, wie das Wirken Gottes sich in unserem Leben konkretisieren und offenbaren will.

Dies mündet in die konkrete Frage: Was können wir beitragen? Was sind unsere Gaben? Welchen wertvollen Beitrag können wir leisten?

Die wichtigste Gabe ist unser Leben

Paulus leitet diese Frage mit der Aufforderung ein, zuerst unser ganzes Leben Gottes Liebe zu öffnen. *«Angesichts des Erbarmens Gottes ermahne ich euch ... euch selbst als lebendiges und heiliges Opfer Gott darzubringen.»* Das heisst mit anderen Worten: Öffne dein ganzes Leben der Liebe Gottes! Denn der Blick aufs Ganze lässt uns sehen, was Gott mit unserem Leben vorhat. Seine Absichten mit uns zeigen sich oft in den einzelnen Gaben und speziellen Fähigkeiten, die er uns anvertraut hat oder uns noch anvertrauen will.

Dieser Blick aufs Ganze zeigt, dass wir selbst, dass unser Leben, die wichtigste Gabe ist. Unser Leben ist von Anfang an auf Beziehung ausgerichtet. Das gilt für Gläubige noch in einer weiteren Dimension. Denn wir sind *«ein Leib in Christus, als Einzelne aber sind wir Glieder, die zueinander gehören.»* Daraus ergibt sich, dass unsere *«unterschiedliche Gaben»* wie die Glieder eines Leibes aufeinander bezogen sind.

Die eigene Verantwortung annehmen

Gott selbst ist es, der die Gaben zuteilt. Unsere Aufgabe besteht darin, die uns anvertrauten Gaben zu entdecken, anzunehmen, sie zu entwickeln und reifen zu lassen. Denn Gaben sind wie Samen, die der Pflege und des Wachstums bedürfen, bis sie ihre volle Frucht bringen. So wie bei wachsenden Pflanzen begießen, aufbinden, beschneiden, vor Schädlingen und Unkraut befreien nötig sind, so wichtig sind ermutigen, ausbilden, wagen, aus Fehlern lernen, sich Zeit lassen, sich korrigieren lassen usw. bei der Entwicklung unserer Gaben. Denn Gaben wachsen und reifen im Tun und Ausprobieren.

Paulus gibt uns ein Beispiel. Er nimmt seine Leitungsaufgabe an und setzt sie ein. Er übernimmt seinen Teil der Verantwortung für das Ganze. So sagt er: *«Aufgrund der Gnade, die mir gegeben ist, sage ich einem jeden von euch...»*

Wer sich mit seinen Gaben einsetzt, setzt sich oft auch aus. Er nimmt Mühen auf sich und kann Kritik von anderen ernten, die meinen, es besser zu wissen. Antoine de Saint-Exupéry will uns ermutigen, uns trotz Enttäuschungen und Schwierigkeiten einzulassen: «Was ich am tiefsten verabscheue, das ist die traurige Rolle des Zuschauers, der unbeteiligt tut oder ist. Man soll nie zuschauen, man soll Zeuge sein, mittun und Verantwortung tragen. Der Mensch ohne mittuende Verantwortung zählt nicht.»

Viele Dienste – ein Auftrag

Unsere einzelnen Gaben und Verantwortlichkeiten dienen einem größeren Ganzen. Die folgende Geschichte kann dies verdeutlichen: «An einer gefährlichen Küste machten vor Zeiten ein paar Leute eine Rettungsstation für Schiffbrüchige auf. Zu dieser Rettungsstation gehörte nur ein einziges Boot. Mit diesem wagte sich die kleine, mutige Mannschaft immer wieder, bei Tag und bei Nacht, auf das Meer hinaus, um Schiffbrüchige zu retten. Es dauerte nicht lange, bis dieser kleine Stützpunkt überall bekannt war. Viele der Geretteten und auch andere Leute aus der Umgebung waren gern bereit, die armselige Station mit Geld zu unterstützen. Die Zahl der Gönner wuchs und wuchs. Mit dem Geld, das sie spendeten, wurde die Rettungsstation grosszügig ausgebaut, immer schöner und komfortabler. Sie wurde allmählich zu einem beliebten Aufenthaltsort und diente schliesslich den Männern als eine Art Clubhaus. Immer mehr Mannschaftsmitglieder weigerten sich nun, auszufahren und Schiffbrüchige zu retten. Sie wollten den Rettungsdienst überhaupt einstellen, weil er unangenehm und dem normalen Clubbetrieb hinderlich sei.

Ein paar Mutige, die den Standpunkt vertraten, dass Lebensrettung ihre vorrangige Aufgabe sei, trennten sich von ihnen. Nicht weit davon entfernt begannen sie mit geringen Mitteln, eine neue Rettungsstation aufzubauen. Aber auch sie erfuhr nach einiger Zeit dasselbe Schicksal: Ihr guter Ruf verbreitete sich schnell, es gab neue Gönner, und es entstand ein neues Clubhaus. So kam es dann schliesslich zur Gründung einer dritten Rettungsstation. Doch auch hier wiederholte sich die gleiche Geschichte ... Wer heute diese Küste besucht, findet längs der Uferstrasse eine beträchtliche Reihe exklusiver Clubs. Immer noch wird die Küste vielen Schiffen zum Verhängnis; nur – die meisten Schiffbrüchigen ertrinken.»

In einer Rettungsstation gibt es verschiedene Dienste. Nicht jeder muss hinausschwimmen. Nicht jeder muss die Geretteten versorgen. Nicht jeder muss für alle kochen. Nicht jeder muss die Mannschaft trainieren und motivieren. Nicht jeder muss für die Sicherheit des Bootes besorgt sein. Nicht jeder muss die Station in Ordnung halten. Nicht jeder muss um das Geld besorgt sein. Nicht jeder muss die vielen Dienste koordinieren. Nicht jeder ... aber jemand!

Zum Weiterdenken

Anhand von 1 Korintherbrief 12,4–11 bedenken wir die folgenden Fragen:

- Wozu werden uns diese Gaben vom Geist Gottes geschenkt und was will der Geist Gottes dadurch bewirken? (Vgl. Vers 7).
- Paulus benützt in diesem Zusammenhang häufig das Wort streben: *«**Strebt** aber nach den höheren Gnadengaben!»* (1 Korintherbrief 12,31). *«**Strebt** aber auch nach den Geistesgaben»* (1 Korintherbrief 14,1). *«Da ihr nach Geistesgaben **strebt**, gebt euch Mühe, dass ihr damit vor allem zum Aufbau der Gemeinde beitragt»* (1 Korintherbrief 14,12).
- Wie könnte bei uns das Streben nach Geistesgaben aussehen?
- Wie können wir in unserer kleinen Gruppe zum Aufbau der Gemeinde beitragen?
- Welcher Lebensstil ergibt sich daraus, dass wir die eigenen Gaben nicht für uns, sondern füreinander geschenkt bekommen haben?

3. Den Sinn der Heiligen Schrift erkennen

Wir haben uns schon mit einigen Aspekten der Bibel auseinander gesetzt, die uns helfen können, die Botschaft der Bibel besser zu verstehen. Heute wollen wir einige neue Aspekte beleuchten. Zuerst: Wie sieht die Kirche die Bibel?

Wahrheiten des Heiles

Ausführlich hat sich das 2. Vatikanische Konzil, die Versammlung aller Bischöfe der Kirche (1962–1965), mit den Fragen der Heiligen Schrift auseinander gesetzt. Die Bibel ist für den christlichen Glauben die höchste Richtschnur. So steht im Dekret Dei Verbum Nr. 21: «In den Heiligen Schriften zusammen mit der Heiligen Überlieferung sah die Kirche immer und sieht sie die höchste Richtschnur ihres Glaubens. Wie die christliche Religion selbst, so muss auch jede kirchliche Verkündigung sich von der Heiligen Schrift nähren und sich an ihr orientieren.»

Die Bibel als «höchste Richtschnur» will nicht so verstanden werden, dass in ihr nichts Zeitbedingtes zu finden sei. Im Gegenteil. «Obgleich diese Bücher auch Unvollkommenes und Zeitbedingtes enthalten, zeigen sie doch eine wahre, göttliche Erziehungskunst. Ein lebendiger Sinn für Gott drückt sich in ihnen aus» (Dei Verbum Nr. 15).

Doch in einem Punkt ist die Bibel verlässlich, denn « ... von den Büchern der Schrift ist zu bekennen, dass sie sicher, getreu und ohne Irrtum die Wahrheit lehren, die Gott um unseres Heiles willen in heiligen Schriften aufgezeichnet haben wollte» (Dei Verbum Nr. 11). Mit anderen Worten: **Die Bibel ist dort irrtumslos, wo es um die Wahrheiten des Heiles geht.** Es geht also bei der Bibel um den in ihr offenbarten Sinn. Dieser ist «Wort Gottes» für uns. Dieser Sinn ist nicht immer sofort erkennbar, denn in der Bibel kann es Aussagen geben, die sich scheinbar widersprechen.

Widersprüche in der Bibel

Widersprüchliche Aussagen in der Bibel können verwirren. Da kann es hilfreich sein, nach dem Sinn zu fragen: Was wollte und will Gott uns damit sagen? Denn widersprüchliche Aussagen können mehrere Gründe haben. Sie kommen meist daher, dass durch die ganze Bibel ein Entwicklungsweg geht.

Dazu ein Beispiel: In einer frühen Schicht der Bibel ist davon die Rede, dass man einen Mord siebenfach rächen dürfe. Im Gesetz des Mose heisst es, dass man einem Stammesgenossen nur das antun darf, was er getan hat: Bruch um Bruch, Auge um Auge, Zahn um Zahn. Also nicht mehr eins zu sieben, sondern eins zu eins. Bei Jesus heisst es dann, dass man auch seine Feinde lieben soll. Also nicht mehr eins zu eins, sondern auf Negatives mit Gutem antworten.

Widersprüchliche Aussagen können also mit solchen Wachstumsstufen in Verbindung stehen. Anders gesagt: Um einen Text richtig zu verstehen, müssen wir wissen, wann und in welcher Situation und weshalb diese Worte gesprochen wurden. Da ist biblisches Wissen hilfreich.

Ein weiterer Grund für scheinbar widersprüchliche Aussagen liegt darin, dass wir heute naturwissenschaftlich denken. Die Naturwissenschaft fragt: Wie war es genau? Was ist genau passiert?

Auf diese Fragen will uns die Bibel in den meisten Fällen keine Auskunft geben. Ihr und ihren Verfassern geht es nicht um naturwissenschaftliche Wissensvermittlung. Sie erzählt keine Geschichte, damit wir erfahren, was damals passiert ist, sondern es geht um Heilswissen, um Weisheit, um den Sinn. So wollen die beiden unterschiedlichen Geschichten, die von der Erschaffung der Erde und des Menschen erzählen, nicht sagen, wie Gott die Welt erschaffen hat, sondern dass Gott hinter allem, was lebt, steckt, und welchen Sinn dies hat.

Der Bibel geht es also nicht um die Historizität, sondern um den Sinn, um die Botschaft des liebenden Gottes, der hinter allem steht.

Die Bibel deutet die Ereignisse

Noch ein Aspekt kann uns helfen, die Bibel besser zu verstehen. Die Bibel deutet die Ereignisse des Lebens und der Geschichte, damit wir uns im Jetzt Gottes Ruf und Gottes Heilsplan öffnen können. Gerade da werden Leserinnen und Leser einwenden, dass es in der Bibel Deutungen gibt, die wie negative Festlegungen aussehen.

Dazu ein Beispiel: Im Zusammenhang mit dem Auszug der Israeliten aus Ägypten heisst es öfters: *«Aber der Herr verhärtete das*

Herz des Pharao, so dass er die Israeliten nicht aus dem Land ziehen liess» (Exodus 11,10) .

Dieser Text könnte so verstanden werden, als hätte Gott selbst das Unheil inszeniert. Folglich die Frage: Ja, wenn Gott selbst die Herzen verhärtet und so bewirkt, dass die Menschen nicht verstehen, was kann dann der Mensch dafür? Ist er nicht Opfer der Willkür Gottes? So würde der Text im Sinn von negativer Vorausfestlegung Gottes und damit nicht im Sinn der intendierten Aussage verstanden. Gehen wir dem noch etwas nach.

Bei jeder Deutung kommt es wesentlich auf das Deutungsmuster an. Das Deutungsmuster, das vielen frühen Texten des Alten (Ersten) Testamentes zugrunde liegt, besteht darin, dass Gott alles bewirkt, auch das Böse. Wenn nun die Erfahrung gezeigt hat, dass der Pharao sein Herz verschlossen hat, und wenn aber Gott alles bewirkt, dann «muss» es auch Gott getan haben. Oder wenn das Volk die rettende Botschaft nicht annimmt, dann «muss» Gott dies bewirkt haben.

In einer weiteren Wachstumsphase setzt sich im Alten (Ersten) Testament mehr und mehr die Erkenntnis durch, dass negative Erfahrungen ihre Ursachen nicht in Gott haben, sondern die Folgen des eigenen Handelns sind. Gott überlässt den Menschen sich selbst, wie es unter anderem in Psalm 81,13 heisst: *«Da überliess ich sie ihrem verstockten Herzen, und sie handelten nach ihren eigenen Plänen.»*

Grundlegend können wir sagen: Bei Gott gibt es keine Vorausfestlegungen. Die Zukunft ist immer offen. Der Mensch hat immer die Wahlfreiheit: *«Hiermit lege ich dir heute das Leben und das Glück, den Tod und das Unglück vor»* (Deuteronomium 30,15). *«Wähle also das Leben ...»* (30,19b). Wähle, du bist frei, aber bedenke die Folgen. Genau dies ist der Sinn vieler Mahn- und Drohworte in der Bibel. Sie appellieren an unsere Verantwortung.

12. Treffen: Im Weinberg des Herrn arbeiten

◆ Heute runden wir die ersten zwölf Einheiten ab. Wir wollen bewusst wahrnehmen, was gewachsen ist und überlegen, wie es weitergehen könnte.

Eröffnung: Dank und Lobpreis 15 Min.

◆ Im gemeinsamen Gebet können wir mit und nach dem Psalm 150 dankbar zurückblicken, wie Jesus mit jedem von uns und mit unserer Gruppe eine neue gemeinsame Geschichte zu schreiben begonnen hat. Nach dem Beten des Psalms danken und loben wir mit eigenen Worten weiter. Wir beginnen wie gewohnt mit einem Lied und einer anschliessenden kurzen Stille, in der wir uns bewusst der Gegenwart Jesu zuwenden.

❖ *Halleluja! Lobet Gott in seinem Heiligtum,* *
lobt ihn in seiner mächtigen Feste!
Lobt ihn für seine grossen Taten, *
lobt ihn in seiner gewaltigen Grösse!
Lobt ihn mit dem Schall der Hörner, *
lobt ihn mit Harfe und Zither!
Lobt ihn mit Pauken und Tanz, *
lobt ihn mit Flöten und Saitenspiel!
Lobt ihn mit hellen Zimbeln, *
lobt ihn mit klingenden Zimbeln!
Alles, was atmet, *
lobe den Herrn! Halleluja!

◆ *Ehre sei dem Vater ...*

Leben teilen 20 Min.

◆ Nach dem Dankgebet wollen wir jetzt konkret zurückblicken auf die hinter uns liegende gemeinsame Zeit. Jedes Gruppenmitglied soll zunächst für sich in Stille überlegen:

❖ Jede und jeder überlegt:
- Was habe ich in den vergangenen Wochen und Monaten erlebt?
- Wie habe ich die Gruppe erlebt?
- (Eventuell: Wie habe ich die WeG-Gemeinschaftstreffen erlebt?)
- Was beschäftigt mich im Blick auf die Zukunft?
  Weiss ich schon, wie ich weitergehen möchte?

Bibel teilen **45 Min.**

◆ Wir wollen nun kurz innehalten und uns bewusst werden, dass Jesus in seinem Wort unter uns gegenwärtig ist. Dazu singen wir ein Lied.

◆ Wir lesen **Matthäusevangelium 9,35–38**.

❖ Wir wiederholen einzelne Worte oder Sätze; anschliessend ist die Stille zum Hören. Wer mag, kann etwas notieren.

____

____

____

◆ Wir teilen einander unsere Gedanken mit.

❖ Wir erzählen, was uns in der Stille aufgegangen ist.

◆ Wir können uns noch mit den folgendenden Fragen beschäftigen: Jesus hat Mitleid, weil die *«vielen»* Menschen *«müde und erschöpft»* sind und wie *«Schafe»* sind, die keinen *«Hirten»* haben.
- Wie zeigt sich das, wenn Schafe keinen Hirten haben – wenn Menschen keine Hirten haben?
- Wo gibt es heute müde und erschöpfte Menschen?
- Wer könnte Hirte für die Menschen sein?
- Wozu braucht Jesus mich persönlich, wenn er *«Arbeiter für seine Ernte»* sucht?
- Was wäre unter *«Ernte heute»* zu verstehen?

- Bin ich zum «Erntehelfer» Jesu gerufen? Wenn ja, wo könnte mein persönlicher Platz auf dem grossen Erntefeld Gottes sein?
- *«Bittet also den Herrn der Ernte, Arbeiter für seine Ernte auszusenden.»* Worum wollen wir ihn konkret später im Gebet bitten?

Gebet und Fürbitte 10 Min.

◆ Wir wollen am Schluss Gott für die Geschichte danken, die er mit unserer Gruppe und mit jedem Einzelnen geschrieben hat und wir wollen ihn um gute Schritte in die Zukunft bitten. Wir können auch darum bitten, dass er neu Arbeiterinnen und Arbeiter für die Ernte beruft.

❖ Wir beten gemeinsam.

◆ Wir beten das «Vater unser» und beenden das Treffen mit einem Lied.

Hinweise für zuhause 5 Min.

◆ Unsere zwölf Einheiten gehen zu Ende. Wir hatten uns nach dem Glaubens- oder WeG-Seminar für diese Zeit zusammengefunden. Viele Monate sind seitdem vergangen. Wir hatten Gelegenheit, verschieden Bereiche christlichen Lebens und Glaubens kennen zu lernen. Im Verlauf des Weges ist uns wahrscheinlich immer mehr bewusst geworden, wie sehr unser gemeinsamer Weg ein Teil jener grossen Bewegung durch die Zeit hindurch ist: Es ist die Kirche Jesu. Wir sind ein Teil dieser Kirche und haben eventuell entdeckt, wo der oder die Einzelne entsprechend den Gaben und Fähigkeiten Mitverantwortung in Pfarrei und Kirche bereits übernommen hat oder neu übernehmen könnte.

Den folgenden Text wollen wir zuerst in Stille lesen:

❖ Nach dieser Zeit des «Neuen Weines» kommt der Abschnitt, wo wir uns überlegen wollen, wie es für uns weitergeht. Deshalb wollen wir heute und in den nächsten Tagen gut in uns hineinhören:

- Wozu ruft Gott mich persönlich? Zu welcher Aufgabe lockt er mich in seine Ernte? Welche Berufung spüre ich, die ich im Reich Gottes leben darf?

  Wir stehen an einer Wegkreuzung. Mindestens drei verschiedene Wege führen weiter:
  1. Der bisherige war Weg okay. Jetzt ist es erst einmal gut. «Ich will zunächst abwarten, was sich für mich ergibt.»
  2. Der Weg in dieser Gruppe war gut. Aber ich will mich neu in einer anderen pfarrgemeindlichen oder politischen Gruppe engagieren.
  3. Der bisherige Weg hat neugierig auf mehr gemacht. Ich möchte gerne in einer Gruppe weitermachen und mithelfen, dass andere Menschen in dieser Weise den christlichen Glauben kennen lernen und vertiefen können.

  Wir wollen diese Fragen mitnehmen, darüber beten und nachdenken. Vielleicht können uns die weiterführenden Texte etwas weiterhelfen. (Bei kommenden WeG-Gemeinschaftstreffen wird der weitere Weg geklärt werden).
  In einem weiteren Treffen wollen wir einen Sendungsgottesdienst und ein Fest zum Abschluss dieser Wegetappe feiern.

- Die Bibelstellen wollen uns helfen, im Rückblick den roten Faden immer besser zu erkennen, den Gott in mein Lebenstuch hineingewoben hat. Auf diese Weise kann mir noch klarer werden, wozu Jesus mich braucht und deshalb ruft:

Philipperbrief 2,12–18	Kolosserbrief 1,21–23
Kolosserbrief 1,3–8	Kolosserbrief 1,24–29
Kolosserbrief 1,9–11	Kolosserbrief 2,1–7

Gemütlicher Ausklang

Weiterführende Aspekte

1. Einlassen ermöglicht Wachstum

Auch die Zeit von «Neuer Wein in neue Schläuche» endet einmal und wir sind wieder eingeladen, uns über unseren derzeitigen Stand und unsere Berufung Gedanken zu machen und zu entscheiden. Wachstum geht über Stufen. Wachstum wird deshalb durch Entscheidungen gefördert. So war es bereits im ersten weiterführenden Text des dritten Treffens zu lesen und wir können diesen Text am Ende von «Neuer Wein in neue Schläuche» ruhig nochmals lesen. Mit dem Ende der zwölften Einheit stehen wir wieder vor einer solchen Entscheidung: «Wie soll es für mich persönlich, wie soll es für uns als Gruppe weitergehen?»

Den Sprung wagen

Die folgenden Überlegungen wollen uns Entscheidungshilfen geben und Ermutigung sein, so wie die Geschichte, die ein Priester erzählte: «Als ich damals um die Entscheidung gerungen habe, ob ich Priester werden soll, zog ich wieder meinen geistlichen Begleiter, ein Benediktinermönch, zu Rate. Ich nahm mir eine ganze Woche Zeit, um in der Stille des Klosters mich mit ihm und Jesus zu beraten. Wir führten Gespräche und ich legte im Gebet alles Jesus vor. Ich achtete auf meine Gefühle und die Regungen des Herzens, um in all dem einen Hinweis darauf zu finden, ob ich nun Priester werden sollte oder nicht, ob ich wirklich berufen war oder ob keine Berufung von Jesus her vorlag. Am Ende der Woche sollte eine klare Entscheidung gefällt werden können. Aber es kam zu keiner Klärung und es gab keine eindeutigen Hinweise. Einmal schien alles klar, ein anderes Mal war wieder alles wie vernebelt. Schliesslich hoffte ich auf einen guten Rat meines Begleiters. Als wir zum letzten Gespräch zusammengekommen waren, berichtete ich ihm, dass ich immer noch keine letzte Klarheit hatte. Dann sagte er: 'Ob du zum Priester berufen bist, weisst du erst, wenn du es geworden bist.' Ich beschwerte mich:

'Bist du verrückt! Ich kann doch nicht die Ehelosigkeit versprechen und mich zum Priester weihen lassen! Was ist, wenn ich später dann feststelle, es war nicht die richtige Entscheidung!' Er sagte nur: 'Wenn du es sicher wissen willst, bleibt dir nichts anderes übrig, als zu springen.'»

Letztlich bleibt uns nichts anderes übrig als den Sprung zu wagen und zu hoffen, dass wir auf der anderen Seite einen guten Stand finden in seinen Händen.

Eine Unterscheidungshilfe

Viele sind es gewohnt, bei Entscheidungen das eine gegen das andere abzuwägen. Soll ich dieses Auto kaufen oder besser das andere; solle ich diese berufliche Weiterbildung besuchen oder eher im angestammten Beruf bleiben? Wir stellen das eine gegen das andere. Was bei der einen Seite eher negativ ausfällt, kann die andere Seite als Plus verbuchen. Allerdings erfasst dieser Entscheidungsweg nicht immer alle Argumente und manche Einzelaspekte fallen unter den Tisch oder werden überbewertet.

Aus der Schule des Heiligen Ignatius kommt ein bewährter Vorschlag, wie man Entscheidungen gründlicher und zugleich sachlicher angehen kann. Machen wir es am Beispiel unserer Gruppensituation deutlich. Wir fragen für gewöhnlich: «Sollen wir in einer Gruppe weitermachen oder nicht?» Bei der «ignatianischen» Unterscheidungshilfe wird jetzt nicht einfach der eine Weg gegen den anderen gestellt, so als ob es zwei Wege gäbe zwischen denen zu wählen ist. Bei diesem Weg werden vier Unterteilungen vorgeschlagen, indem jeweils beide möglichen Wege getrennt voneinander angeschaut werden. Ganz praktisch können wir ein Blatt Papier in vier Spalten unterteilen. Über die ersten beiden Spalten schreiben wir «Gehe nicht mehr in die Gruppe» – über die anderen beiden schreiben wir: «Gehe weiter in die Gruppe.»

Wir nehmen zunächst die beiden Spalten mit der Überschrift «Gehe nicht mehr in die Gruppe.» Die eine Spalte wird die Pro-Spalte, in der alle Argumente eingetragen werden, die dafür sprechen, nicht mehr in die Gruppe zu gehen. Die andere Spalte wird die Contra-Spalte, in wir alle Argumente eintragen, die dagegen sprechen, nicht mehr in die Gruppe zu gehen.

Dann nehmen wir die beiden nächsten Spalten mit der Überschrift «Gehe weiter in die Gruppe». Die eine Spalte wird die Pro-Spalte, in der alle Argumente eingetragen werden, die dafür sprechen, weiter in die Gruppe zu gehen. Die andere Spalte wird die Contra-Spalte, in wir alle Argumente eintragen, die dagegen sprechen, weiter in die Gruppe zu gehen.

Auf diese Weise wird vermieden, dass wir die Argumente gegeneinander ausspielen. Denn es kann sein, dass ein grosses Argument, das gegen einen Weg spricht, von vielen kleinen Argumenten aufgewogen wird, die für diesen Weg sprechen. Die Entscheidung fällt so weniger im gegenseitigen Austauschen der Argumente zwischen zwei Wegen. Die Mühsal des Aufschreibens lohnt sich.

Bei all dem, was wir aufgeschrieben haben, kann es helfen, auf die tiefsten Wahrnehmungen unseres Herzens zu achten: In welche Richtung spüren wir eine sanfte Einladung: «Das wäre es...» In welche Richtung können wir in den tiefsten Bereichen unseres Seins mehr Frieden wahrnehmen?

2. Wissenswertes zum Matthäusevangelium 9,35–38

«Du bist Gott wichtig! Gott hat etwas mit dir vor. Du kannst einen wertvollen und unersetzbaren Beitrag leisten.» Diese Botschaft zeigt unser heutiger Text. Dieser Botschaft haben sich Menschen geöffnet. So erfuhren sie das Reich Gottes als das grosse Geschenk, als die Erfüllung der tiefsten Sehnsüchte der Menschen. Das machte sie überglücklich.

In der Bergpredigt Kapitel 5 bis 7 legt Matthäus das Programm des Reiches Gottes den Jüngern dar. Kapitel 8 und 9 offenbaren in vielen Heilungswundern die Kraft dieses Reiches. Damit die Menschen hören können, dass Gott in seiner Liebe allen ein neues, grossartiges Angebot macht, darum sendet Jesus Apostel und Jünger aus. Die Aussendungsrede (9,35–11,1) beginnt mit dem Blick auf die Not und die Grösse der Ernte.

«Als er die vielen Menschen sah»

Zu allen Zeiten gab es Nöte, Krisen und Katastrophen, ob in der grossen Welt oder in der näheren Umgebung. Viele Menschen tragen Schweres verborgen in ihren Herzen. Viele wissen nicht wohin mit dem, was sie niederdrückt und entmutigt.

Die tiefste, aber oft unerkannte Not der Menschen war und ist, dass sie Gott und seine Liebe nicht kennen. Sie wissen nicht um ihre unzerstörbare Würde und Schönheit als *«Abbild Gottes»* (Genesis 1,27). Sie kennen die Heilskraft der Erlösung Jesu Christi nicht und sind vielen Zwängen, Bedrückungen und Ängsten ausgeliefert. Sie kennen den Sinn ihres Lebens nicht.

Dies ist der Grund, warum nach der Einschätzung Jesu das Volk damals müde und erschöpft war. Die Menschen sind wie Schafe, die keinen Hirten haben. Sie sind sich selbst überlassen. Sie haben niemanden, der das Volk zusammenhält, der ihnen den richtigen Weg zeigt und sie wie ein guter Hirt vor den Feinden beschützt.

Dem Volk fehlt eine ruhige, sichere, vorausschauende und klarsichtige Führung. Dem Volk fehlt ein einheitliches Ziel und eine gemeinsame Wertordnung. Darum ist es für alle Einflüsse offen und profitorientierten Führern preisgegeben. So von widersprüchlichen Zielen und Einflüssen hin- und hergezerrt zu sein, macht müde und verwirrt.

Jesus sieht die Menschen um sich herum in einem buchstäblich erbärmlichen Zustand. Viele Helferinnen und Helfer müssten sich hier einbringen, damit dieser Not wirkungsvoll begegnet werden kann. Die Menschen wären dafür offen. Darum spricht Jesus von der grossen Ernte.

Durch die ganze Bibel geht die Botschaft, dass Gott die Not seines Volkes sieht. Er will eingreifen und helfen. So offenbarte er sich Mose beim brennenden Dornbusch: *«Ich habe das Elend meines Volkes in Ägypten gesehen, und ihre laute Klage über ihre Antreiber habe ich gehört. Ich kenne ihr Leid. Ich bin herabgestiegen, um sie der Hand der Ägypter zu entreissen und aus jenem Land hinaufzuführen in ein schönes, weites Land, in ein Land, in dem Milch und Honig fliessen»* (Exodus 3,7–8).

Deshalb gibt er ihm den Auftrag: *«Und jetzt geh! Ich sende dich zum Pharao. Führe mein Volk, die Israeliten, aus Ägypten heraus!»* (Exodus 3,10) Gott will also durch Menschen den Menschen helfen.

Erntearbeiterinnen und -arbeiter gesucht

Not ruft nach Hilfe. Wo die Not gesehen und ans Herz herangelassen wird, beginnt im Innern des Menschen ein Prozess. Erbarmen wird lebendig und damit die Frage: Wie kann da geholfen werden? Jesus antwortet so: *«Bittet also den Herrn der Ernte, Arbeiter für seine Ernte auszusenden»* (Matthäusevangelium 9,38). Gebet ist das Erste. Im Gebet lassen wir es zu, dass die Not unser Herz berührt. So nehmen wir mit der Zeit eine Veränderung in uns wahr: Wir werden von Gottes Geist bereitet und bereit, zum Dienen – zur Sendung. Denn darum könnte es gehen: Uns in den Dienst des Erbarmens Gottes zu stellen.

Dieser Dienst des Erbarmens Gottes lebt Jesus selbst in dreifacher Weise:

1. Er verkündet *«das Evangelium vom Reich Gottes»*. Darin zeigt Jesus den Menschen die Liebe Gottes. Wer sie erspürt, findet den wahren Sinn des Lebens.
2. Er *«heilt alle Krankheiten und Leiden»*. Darin lässt Jesus die Menschen die heilende Liebe Gottes erfahren.
3. Er bildet Jünger aus und sendet sie in seinem Namen und mit seiner Vollmacht zu den Menschen.

So sucht Jesus durch die Zeiten hindurch Mitarbeiterinnen und Mitarbeiter, durch die er die Menschen ins Reich Gottes führen will.

Zum Weiterdenken

- Jesus hat Mitleid, weil die *«vielen»* Menschen *«müde und erschöpft»* sind und wie «Schafe» sind, die keinen «Hirten» haben. Wo gibt es heute müde und erschöpfte Menschen?
- Was geschieht mit Schafen, wenn sie keinen Hirten haben? Ist es bei Menschen ähnlich? Was könnten Hirten für Menschen sein?
- Wozu braucht Jesus uns, mich persönlich, wenn er *«Arbeiter für seine Ernte»* sucht?
  Wo könnte unser, mein persönlicher Platz auf dem Erntefeld Gottes sein?
- *«Bittet also den Herrn der Ernte, Arbeiter für seine Ernte auszusenden.»*
  Welche Menschen und Anliegen möchte Gott uns aufs Herz legen, damit wir für sie zu beten beginnen?

3. Lebe, was du verstanden hast!

Die Gedanken des letzten Kontextes zur Bibel wollen nochmals auf das Herz, das heisst das innerste Anliegen der Bibel hinweisen. Dieses besteht in der immer wieder neu ausgesprochenen Einladung Gottes: Lasst euch ein auf mich! Lasst euch ein, dann wird eure Geschichte eine Heilsgeschichte! Lass dich ganz persönlich ein, dann wird dein Leben zur persönlichen Liebesgeschichte mit mir!

Was wir nicht verstehen ...?

Diese werbende Einladung Gottes wird jedoch nicht aus allen Texten gleichermaßen herausgehört. Es gibt Schriftstellen, die Kopfzerbrechen bereiten und die nicht in die Botschaft des um den Menschen werbenden Gottes zu passen scheinen. Solche Texte können uns fixieren und lähmen. Dies kann in manchen Fällen zu einer hilfreichen Auseinandersetzung führen. Es kann aber auch passieren, dass wir solchen Textstellen möglicherweise zu viel Beachtung schenken.

Wie können wir mit unverständlichen und schwierigen Texten umgehen?

Vorerst ist es hilfreich, uns selbst vom Druck des «Alles-verstehen-Müssens» zu befreien. Vieles darf unverständlich und scheinbar widersprüchlich bleiben. Weil kein Theologe alles bis ins Letzte versteht, müssen wir dies auch nicht können. Da kann der Grundsatz helfen: «Was man im Moment nicht versteht, darf man ruhig loslassen.» Denn wer sich in Fragen und Zweifeln verkrampft, blockiert sich selbst. Wir dürfen darauf vertrauen, dass der gute Gott uns führt und uns Schritt für Schritt das verstehen lässt, was für uns **jetzt** wichtig ist.

Wenn wir Fragen zum Text haben, ist es gut, Hilfen zu suchen. Das können Bibelerklärungen oder Kommentare sein; aber auch Menschen, die sich damit auskennen.

Zeitbedingte Texte

In der Bibel gibt sehr vieles, was für alle Zeiten und an allen Orten gilt. Aber wir finden auch zeitbedingte Texte, die heute nicht mehr zeitgemäss und zum Teil veraltet sind. Es ist wichtig, diese Texte im-

Kontext, im Umfeld der damaligen Zeit zu verstehen: Wie sah die Situation damals aus? Was war damals der Sinn dieser Aussage? Zeitbedingte Texte sind Zeugnisse eines inzwischen überholten Vorantastens auf dem Weg des Volkes Gottes.
Noch etwas: Wir leben nicht mehr in der Zeit, in der die Bibel geschrieben wurde. Geschichtlich, geographisch und kulturell hat sich vieles verändert. Einige Beispiele können dies verdeutlichen:

- Zur Zeit der Bibel war die Sicht auf das Land Israel und die Nachbarvölker begrenzt. Unser heutiger Horizont umfasst jedoch die ganze Erde und alle Völker auf dieser Erde.
- Der Überblick über die Geschichte war auf einige Jahrtausende beschränkt. Heute spricht die Wissenschaft vor mehr als 20 Milliarden Jahren für den Ursprung des Universums.
- Die Ursachen für die Ereignisse wurden damals als direkt von Gott abhängig erklärt. Zum Beispiel schickt Gott den Regen, gibt Gott den Sieg im Krieg, Gott ist für die Krankheiten verantwortlich, ... Heute werden die Ursachen differenzierter betrachtet und analysiert.
- Die Frauen hatten einen zweitrangigen Platz in der Gesellschaft. Das fiel kaum jemand auf und niemand nahm daran Anstoss. Heute emanzipieren sich die Frauen und suchen den Platz in Gesellschaft und Kirche, der ihnen zu kommt.

Zeitbedingte Texte können nur im Licht der damaligen Zeit versanden werden. Sie zeigen, dass alles im Werden ist, dass jede Zeit neu gefordert ist Neues zu entdecken und dass wir aus dem, was wir entdeckt haben, nie etwas Absolutes machen dürfen.

Im Tun offenbart sich Gottes Kraft

Wichtiger aber ist: Wir konzentrieren uns auf das, was wir verstehen und leben es. Im Tun des Wortes Gottes eröffnet sich viel eher ein neues und vertieftes Verständnis der Schrift.

Roger Schutz, Gründer der Taizé-Bruderschaft, sagt: «Lebe das, was du vom Evangelium begriffen hast, und sei es noch so wenig.»

Mark Twain, der bekannte amerikanische Schriftsteller, meinte einmal treffend: «Mir bereiten nicht die unverständlichen Bibelstellen Bauchweh, sondern diejenigen, die ich verstehe.»

Im Neuen Testament schreibt Jakobus in seinem Brief: *«Wer sich aber in das vollkommene Gesetz der Freiheit vertieft und an ihm festhält, wer es nicht nur hört, um es wieder zu vergessen, sondern danach handelt, der wird durch sein Tun selig sein»* (Jakobusbrief 1,25). Jesus betont, dass wir im Tun zum Licht finden: *«Wer aber die Wahrheit tut, kommt zum Licht, damit offenbar wird, dass seine Taten in Gott vollbracht sind»* (Johannesevangelium 3,21).

Vielleicht kann uns die folgende Geschichte von allen Unsicherheiten und allem Zögern befreien: Eines Tages kam eine Frau zum heiligen Franz von Assisi. «Hilf mir, Bruder Franz», sagte sie. «Ich leide grosse Not und habe Hunger!» Franz wandte sich an seinen Mitbruder Pietro. «Was können wir dieser Frau geben?», fragte er. «Wir sind selbst arm», antwortete Pietro, «ich weiss nicht einmal, was wir heute essen sollen. Das Einzige, was wir noch haben, ist eine Bibel. Aber die brauchen wir für unsere Schriftlesung und unser Gebet.»

Darauf sagte Bruder Franz: «Gib ihr die Bibel. Sie soll sie verkaufen und mit dem Geld ihre Not lindern. In der Bibel steht, dass wir den Armen helfen sollen. Es gefällt Gott mehr, wenn wir tun, was darin steht, als wenn wir in ihr lesen.» Und so geschah es.

So wird die Bibel lebendig und entfaltet ihre Kraft in immer neuer Weise.

Nachwort

Liebe Leserinnen und Leser,

wir sind nun am Ende von «Neuer Wein in neue Schläuche» und somit am Ende einer Etappe unseres Weges angekommen. Wir danken Ihnen für Ihre Treue und für die Nachsicht, wo wir Sie mit vielen Hinweisen vielleicht eingeengt haben. Wir freuen uns, wenn Sie in Freude und mit gewachsenem Vertrauen den Weg weitergehen, dorthin, wo der Auferstandene Sie ruft.

Herzlich danken wir allen, die zu dieser Schrift beigetragen haben. Wir danken Marcel Bregenzer, Urban Camenzind und Theresa Herzog – die sich mit uns für «Wege erwachsenen Glaubens» engagieren – für die inhaltlichen Impulse. Wir bedanken uns bei Monika Ochsner und Martin Geisser für die Korrekturlesungen, bei Marti Kellenberger für die Tipparbeiten sowie bei Edi Feusi für das Erstellen des Layout. Viel Geduld und Zeit wurde in den Werdeprozess dieser Schrift investiert. Deshalb gilt unser Dank auch denen, die den Mut hatten, unsere ersten Versuche auszuprobieren. Bedanken wollen wir uns auch bei denen, die zu einzelnen Textabschnitten konkrete Vorschläge gemacht haben. Wir hoffen, dass dieser ganze Einsatz sich lohnt und Früchte trägt.

Mit einigen Gedanken des jüdischen Religionsphilosoph Franz Rosenzweig (1886–1926) wollen wir uns von Ihnen verabschieden: «Boden unter den Füssen hat keiner, jeder wird nur gehalten von anderen nächsten Händen,... Und dass wir alle miteinander nicht untergehen, verdanken wir der Tatsache, dass die grosse Hand von oben alle diese haltenden Menschenhände selber bei den Handgelenken hält.» Möge die Erfahrung des Getragensein von einer Gemeinschaft und die Begegnung mit dem Träger: Gott, Sie Ihre weiteren Wege mutig gehen lassen.

In diesem Sinne wünschen wir Autoren allen, die mit dieser Schrift «Neuer Wein in neue Schläuche» gegangen sind, die Erfahrung von Gottes Liebe und Kraft im Alltag.

Weitere Veröffentlichungen des Verlags BE-Team

- **Neu anfangen** *
  Impulse für ein befreites Leben

  Jede Zeit und jeder Mensch hat – bewusst oder unbewusst – Bilder und Vorstellungen von Gott, Glauben, Erlösung, Vergebung, Auferstehung, usw. In erfrischender Weise regen diese Impulse, ausgehend von der Bibel, zu einem befreienden christlichen Leben an.

- **Komm und sieh** *
  Unterwegs zum lebendigen Christsein

  Ausgehend von der Originalität und Individualität des Menschen führt das Buch zur Grundbotschaft des christlichen Glaubens. Dabei spielen Themen wie «Jesus als Freund erfahren», «Heilung unserer Beziehungen», «Heiliger Geist als Ermöglicher eines neuen Lebensstils» eine wesentliche Rolle.

- **Vater unser** *
  Neu beten lernen

  Nicht nur die Jünger damals, auch viele Menschen heute tun sich schwer mit dem Beten. Das Buch hilft neu beten lernen sowie Alltag und Glauben als Einheit zu entdecken. Dabei geht es nicht nur um eine Erklärung des «Vater unser», sondern um den erlösten Lebensstil, in der Freiheit und Freude der Kinder Gottes.

- **Eucharistie** *
  Ein Weg der Wandlung

  Die Eucharistiefeier wird von vielen Menschen immer weniger verstanden. Das Buch will zum Verständnis und zum vertieften Erleben der Eucharistie hinführen. In Anlehnung an die Emmausgeschichte wird Schritt für Schritt das eigene Leben mit den Riten der Eucharistie verbunden.

---

* Zu diesen Büchern gibt es noch ein Begleitheft mit ergänzendem Inhalt, das hilft, die Themen zu verinnerlichen und in tieferer Weise fruchtbar werden zu lassen.

Für Gruppen:

- **Heiliger Geist, lass Pfingsten werden**

  Gottes Heiliger Geist hat nicht nur am ersten Pfingsttag die Herzen der Jüngerinnen und Jünger erfüllt. Er will dies auch heute tun. In 12 Einheiten, in deren Zentrum jeweils ein Schrifttext steht, führt dieses Buch in ein Leben aus der Kraft des Heiligen Geistes ein und zeigt Wege, wie Gruppen und Einzelpersonen neu ihr persönliches Pfingsten erleben können.

- **Leiden – wozu?**
  Biblische Impulse zur Leidbewältigung

  Warum lässt der gute Gott zu, dass ...? Hinter dieser Frage steht oft die existentielle Not: Wie kann dieses Leiden bewältigt werden? Das Buch zeigt in 12 Kapiteln – ausgehend von einem Schrifttext – auf, wie in Verbindung mit Jesus auch aus unvorstellbarem Leid Segen wachsen kann. Das Buch ist für Gruppen und Einzelpersonen geschrieben, die sich der Leidfrage aus christlicher Sicht stellen wollen.

- **Thematisches Bibelteilen**

  Diese Arbeitshilfe (Ordner DIN-A5) enthält 47 Gruppentreffen. Die Einheiten umfassen Impulse, Hintergrundinformationen zu den jeweiligen Bibeltexten, Fragen für das Gruppengespräch sowie weitere Texthinweise für die persönliche Vertiefung.
  Der Inhalt besteht aus ausgewählten Einzelthemen. Zudem wird am Beispiel des Propheten Jona und des Philipperbriefes eingeladen, ein ganzes biblisches Buch zu lesen. In der Einführung finden Sie einige Tipps für die Gruppenleitung.

- **Handbuch für die Gruppenleitung**
  Themen für eine langfristige Leitung einer gemeindlichen Kleingruppe

  Eine gemeindliche Kleingruppe leiten. Ja, aber wie? Mit diesem Ordner steht Ihnen ein praxiserprobtes Hilfsmittel zur Verfügung, mit dem Leiterinnen und Leiter spiritueller Kleingruppen zielgerichtet begleitet und geschult werden können.